SPSS
入门与数据分析实践

米霖 编著

·北京·

内 容 简 介

本书通过详细的图文步骤介绍了使用 SPSS 进行统计分析的方法和技巧。其中，第 1～5 章主要介绍 SPSS 的基础操作、数据处理、绘图等内容；第 6～13 章则围绕 SPSS 中的常用统计与检验方法展开，介绍了如何使用 SPSS 进行描述性统计、假设检验、相关性检验、方差分析、非参数检验，以及使用 SPSS 实现逻辑回归、决策树、神经网络、聚类分析与生存分析的方法等内容。

本书内容通俗易懂，实用性强，能够帮助读者快速掌握常见统计分析方法和 SPSS 的使用，特别适合 SPSS 的入门读者阅读，也可作为社会科学、经济学、医学等统计相关专业的教材使用。

图书在版编目（CIP）数据

SPSS 入门与数据分析实践 / 米霖编著. -- 北京：化学工业出版社，2025. 6. -- ISBN 978-7-122-47639-5

Ⅰ. C819

中国国家版本馆 CIP 数据核字第 2025J3N651 号

责任编辑：张　赛　耍利娜　　　　　　　装帧设计：刘丽华
责任校对：田睿涵

出版发行：化学工业出版社
　　　　　（北京市东城区青年湖南街 13 号　邮政编码 100011）
印　　装：河北延风印务有限公司
710mm×1000mm　1/16　印张 12　字数 222 千字
2025 年 4 月北京第 1 版第 1 次印刷

购书咨询：010-64518888　　　　　　　　售后服务：010-64518899
网　　址：http://www.cip.com.cn
凡购买本书，如有缺损质量问题，本社销售中心负责调换。

定　　价：49.00 元　　　　　　　　　　　版权所有　违者必究

前言

在数字时代,数据已无可争议地成为驱动各领域发展的核心要素。在面对海量且纷繁的数据时,如何从中提取有价值的信息,并做出精准且明智的决策,成为横亘在各领域研究者和决策者面前的关键挑战。

SPSS(Statistical Product Service Solutions)作为最早采用图形菜单驱动界面的统计分析软件,其突出特点是简单易用,且输出高效美观。用户只需要有基本的计算机操作技能,熟悉统计原理,便可很快上手 SPSS 并开展数据分析相关工作。因此,SPSS 在社会调查、市场研究、健康研究等领域都得到了广泛的应用与认可。

尽管 SPSS 的界面化操作称得上"简单",但在实践中,不同读者仍难免会遇到各类问题,诸如数据处理方面的问题、选择各类统计分析方法时的疑惑、对具体分析操作选项的不熟悉,以及对分析结果理解的偏差等。为此,编者结合相关工作与培训实践,通过丰富的案例,以详细的图文步骤对 SPSS 统计分析的基础应用进行解读,力求帮助读者快速掌握 SPSS,并实现学以致用。

本书的特色

• 零基础入门:本书从最基础的 SPSS 操作开始,介绍 SPSS 的常用分析方法与图表绘制等内容,零基础新手也可轻松入门。

• 注重实用性:以简单的实例指导 SPSS 使用和数据分析方法,适当穿插易于理解的统计学基础。

• 赠送资源:本书提供配套的数据集,并赠送讲解视频(注:视频内容与本书存在部分差异),可帮助读者高效、直观地学习重点内容。读者可访问 www.cip.com.cn/Service/Download 搜索本书并获取相关资源的下载链接。

本书的主要内容

第 1 章带领读者快速了解 SPSS 的相关操作及运行方式与工作原理。

第 2 章从数据入手,介绍 SPSS 中的变量特征,以及数据的读取与输出等。

第 3 章介绍 SPSS 的数据处理与数据转换,内容包括数据的排序、筛选、重编码,以及数据分箱等。

第 4 章和第 5 章主要介绍 SPSS 的图表绘制。

第 6 章从描述性统计角度切入,介绍数据频率、分布、描述、异常值等的分析方法。

第 7 章主要介绍常用的假设检验方法,包括卡方检验、t 检验等。

第 8 章介绍相关性检验以及回归模型的应用等。

第 9 章介绍方差分析与事后检验。

第 10 章介绍实现非参数检验的方法，包括单样本、独立样本、相关样本非参数检验。

第 11 章介绍如何在 SPSS 中应用逻辑回归、决策树、神经网络等统计机器学习模型。

第 12 章主要介绍二阶聚类和 K 均值聚类的应用。

第 13 章介绍了几种生存模型的应用。

本书读者对象

- SPSS 零基础入门人员
- 社会学、经济学、管理学、医药等专业的师生
- 数据挖掘、数据分析等数据科学相关领域的从业人员
- 其他对 SPSS 统计分析感兴趣的读者

本书在编写过程中力求兼顾严谨性与易读性，但限于编者水平有限，疏漏之处在所难免，望广大读者批评指正。

编 者

目录

第 1 章 初识 SPSS

1.1 SPSS 的运行方式 …………………… 2
1.2 SPSS 的工作原理 …………………… 2
1.3 在需要时获得帮助 …………………… 4
1.4 快速了解界面与操作 ………………… 4

第 2 章 SPSS 数据

2.1 变量定义 …………………………… 15
  2.1.1 变量名称 ………………………… 16
  2.1.2 变量类型 ………………………… 17
  2.1.3 宽度、小数点位和标签 ………… 18
  2.1.4 值 ………………………………… 19
  2.1.5 缺失 ……………………………… 20
  2.1.6 列、对齐和测量 ………………… 20
  2.1.7 角色 ……………………………… 20
2.2 SPSS 读取数据 …………………… 21
  2.2.1 从文本文件获取数据 …………… 23
  2.2.2 读取 Excel 文件 ………………… 25
2.3 SPSS 输出分析结果 ……………… 26
  2.3.1 复制和粘贴输出 ………………… 30
  2.3.2 导出输出 ………………………… 31
  2.3.3 打印数据 ………………………… 32

第 3 章 数据处理与数据转换

3.1 排序案例 …………………………… 34
3.2 筛选数据集中的行 ………………… 35
3.3 拆分数据 …………………………… 37
3.4 重新编码变量 ……………………… 40
  3.4.1 重新编码成不同的变量 ………… 40
  3.4.2 自动重新编码 …………………… 43
3.5 数据分箱 …………………………… 44
3.6 最优分箱 …………………………… 48

3.7 计算新变量 ………………………………………… 50
3.7.1 使用条件计算新变量 ………………………… 51
3.7.2 使用系统变量 ……………………………… 53
3.8 合并数据 …………………………………………… 54
3.8.1 按行合并 …………………………………… 54
3.8.2 按列合并 …………………………………… 55

第 4 章 SPSS 绘图

4.1 使用图表构建器绘图 ……………………………… 59
4.1.1 基本元素 …………………………………… 63
4.1.2 组/点 ID …………………………………… 63
4.1.3 标题/脚注 ………………………………… 65
4.1.4 元素属性 …………………………………… 66
4.1.5 图表外观 …………………………………… 67
4.1.6 选项 ………………………………………… 67
4.2 使用图形画板模板选择器绘图 …………………… 68
4.3 常见图形绘制 ……………………………………… 70
4.3.1 散点图与折线图 …………………………… 70
4.3.2 点图 ………………………………………… 73
4.3.3 条形图 ……………………………………… 74
4.3.4 直方图 ……………………………………… 75
4.3.5 面积图 ……………………………………… 77
4.3.6 堆积条形图 ………………………………… 79
4.3.7 饼图 ………………………………………… 81

第 5 章 SPSS 图表优化

5.1 修改图表 …………………………………………… 84
5.2 修改表格 …………………………………………… 87

第 6 章 描述性统计

6.1 测量水平 …………………………………………… 91
6.2 汇总统计 …………………………………………… 92
6.3 分类变量的频率 …………………………………… 93
6.4 变量的分布 ………………………………………… 95
6.5 描述过程 …………………………………………… 97
6.6 异常值分析 ………………………………………… 98

第 7 章 假设检验

7.1 样本与总体 ………………………………………… 102
7.2 交叉表 ……………………………………………… 104

7.3	卡方检验	…………………………………	106
7.4	t 检验	…………………………………………	107
7.4.1	平均值与单样本 t 检验	………………	107
7.4.2	独立样本 t 检验	……………………	109
7.4.3	摘要独立样本 t 检验	………………	111
7.4.4	配对样本的 t 检验	…………………	112

第 8 章 相关性检验
114

8.1	绘制散点图	…………………………	115
8.2	双变量分析	…………………………	116
8.3	简单线性回归	………………………	118
8.4	多元线性回归	………………………	122

第 9 章 方差分析
127

9.1	单因素方差分析	……………………	128
9.2	事后检验	……………………………	130

第 10 章 非参数检验
133

10.1	单样本非参数检验	…………………	134
10.2	独立样本非参数检验	………………	137
10.3	相关样本非参数检验	………………	140

第 11 章 常用统计机器学习模型
144

11.1	逻辑回归	……………………………	145
11.2	决策树	………………………………	150
11.3	神经网络	……………………………	156

第 12 章 聚类分析
165

12.1	二阶聚类	……………………………	166
12.2	K 均值聚类	…………………………	168

第 13 章 生存分析
171

13.1	寿命表	………………………………	172
13.2	Kaplan-Meier 模型	…………………	177
13.3	Cox 生存模型	………………………	179

第1章
初识SPSS

SPSS 是一款广泛应用于统计分析和数据挖掘的软件，其不但功能强大，还简单易用，用户只需要具备基本的计算机操作技能，熟悉统计原理，就可以通过 SPSS 完成数据相关工作。通过本章的简介，读者将对 SPSS 有一个基础、全面的了解。

SPSS 的运行方式

通常而言，SPSS 软件提供三种运行方式：图形用户界面操作、使用 SPSS 命令程序，以及其他语言编程扩展。应该选择何种方式不仅取决于使用者的偏好，而且在一定程度上也取决于所要执行的任务。大多数情况下，用户可能仅需使用图形界面操作 SPSS，这种方式最为简单易用，非常适合初学者。而另外两种方式则可以帮助用户实现更为复杂的数据分析操作。

（1）图形用户界面

在图形界面中，用户可以通过菜单、按钮和对话框等进行操作，从而轻松完成数据相关工作。这种方式非常直观。图形用户界面的优势在于，在每个步骤中，SPSS 都会确保在进行下一步之前，提醒你输入所有必要的信息。

（2）SPSS 命令程序

编写（和保存）命令程序是创建可重复执行的进程的好方法。SPSS 也支持用户使用语法命令将指令输入 SPSS 中，并让它做任何它能够做的事情。这种方法可以一次性提交一系列的命令，更适合用于大规模的分析工作。

（3）其他语言编程扩展

SPSS 还可以与其他的编程语言相结合，例如 Python 和 R。学习编写这些脚本语言超出了本书的范围，但我们应该知道这一方法的存在。

SPSS 的工作原理

在使用 SPSS 时，我们总是从定义一组变量开始，然后输入变量数据以创建多个案例。例如，如果对一组汽车数据进行分析，那么研究中的每辆汽车都是一个案例。用于定义案例的变量可能是制造年份、功率和排量等。研究中的每辆车都被定义为一个案例，每个案例都被定义为一组分配给变量集合的值。

SPSS 中有不同类型的变量。这些类型描述了数据的存储方式。例如，数据可以作为字符串、数字、日期或货币类型存储。如果变量都被定义为数字，那么还必须定义变量的测量级别。分类变量则包含定义类别的值。例如，性别的变量可以是一个分类变量，其中值为 1 表示女性，值为 2 表示男性。

将数据输入 SPSS 后，就可以开始运行分析。点击菜单中的"分析"（图 1.1），然后根据需求选择适当的变量，SPSS 便会通读所有案例，执行分析，并以表格或图形的形式输出相应结果。

图 1.1　SPSS 菜单栏

通常而言，SPSS 中的数据文件以".sav"扩展名结尾。输出文件以".spv"扩展名结尾。带有可选编程语言命令的命令语法文件以".sps"结尾。

本书中的示例大多会使用 SPSS 自带的数据集。另外，SPSS 的所有输出都会输出到同一个地方，即 SPSS Statistics 查看器窗口，如图 1.2 所示。

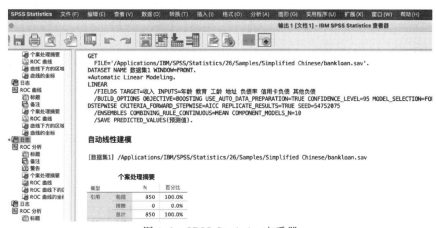

图 1.2　SPSS Statistics 查看器

此窗口会显示用户在 SPSS 中所执行的任何操作的结果。产生输出后，如果执行了一些产生更多输出的操作，新输出将显示在同一窗口中。

1.3 在需要时获得帮助

在学习 SPSS 的过程中，难免会遇到问题与困难，这个时候我们可以寻求帮助。在 SPSS 中有很多获取帮助的途径，以下列举了几种常用方法。

① 主题：从 SPSS 应用程序的主窗口中选择"帮助"→"主题"，如图 1.3 所示。

图 1.3 帮助菜单

点击主题之后出现的帮助文档。可以从目录中选择一个标题，也可以选择索引通过输入标题名称来搜索标题。在帮助目录中，全部大写的标题是语法语言命令的描述。

② PDF 文档：如果想访问 SPSS 用户指南，可以选择"帮助"→"PDF 格式的文档"。这个资源是在线的，但是如果想离线访问它们，可以将它们全部下载到本地机器上。

③ 命令语法参考：选择"帮助"→"命令语法参考"。可在 PDF 查看器中显示超过 2000 页的命令语法参考。前面提到的"主题"提供了每个主题的简要概述，而本文档更为详细。

除了这些帮助资源之外，遇到问题，在搜索引擎上面直接进行搜索也是一个不错的选择。

1.4 快速了解界面与操作

本节将演示一个典型的 SPSS 分析过程，包括使用 SPSS 读取数据文件、操作数据，然后生成简单的统计摘要和图表。

打开 SPSS，在这个界面（图 1.4）中，用户可以选择所需文件，以进行数据处理或分析等操作。此外，用户还可以查看 SPSS 的新功能、获取帮助、获取教程等。

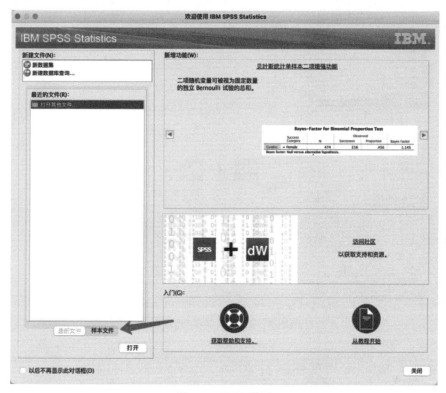

图 1.4　SPSS 界面

(1) 打开数据集

本例以程序自带的数据集进行演示。选择打开文件时，点击"样本文件"（图 1.4 中箭头所示），然后选择如图 1.5 所示的"bankloan.sav"数据集。

选择 bankloan 数据集，然后点击"打开"，就可以在 SPSS 中查看这个数据集。打开之后的数据集如图 1.6 所示。

这个数据集有 12 个变量（列），850 个样本（行）。首行是数据的变量名，用鼠标右键点击某个变量的名称（如工龄），会出现如图 1.7 所示的一些选项。

通过这个选项可以进行关于数据的一些基本操作，例如对变量进行排序、获取变量的描述信息等。此外，点击界面下方的"变量视图"，还可以查看数据中变量的基本信息，如图 1.8 所示。

图 1.5　选择 bankloan 数据集

	年龄	教育	工龄	地址	收入	负债率	信用卡负债	其他负债	违约	preddef1	preddef2	preddef3
1	41	3	17	12	176.00	9.30	11.36	5.01	1	.80839	.78864	.21304
2	27	1	10	6	31.00	17.30	1.36	4.00	0	.19830	.12845	.43690
3	40	1	15	14	55.00	5.50	.86	2.17	0	.01004	.00299	.14102
4	41	1	15	14	120.00	2.90	2.66	.82	0	.02214	.01027	.10442
5	24	2	2	0	28.00	17.30	1.79	3.06	1	.78159	.73788	.43690
6	41	2	5	5	25.00	10.20	.39	2.16	0	.21671	.32819	.23358
7	39	1	20	9	67.00	30.60	3.83	16.67	0	.18596	.17926	.81709
8	43	1	12	11	38.00	3.60	.13	1.24	0	.01471	.01057	.11336
9	24	1	3	4	19.00	24.40	1.36	3.28	1	.74804	.61944	.66390
10	36	1	0	13	25.00	19.70	2.78	2.15	0	.81506	.79723	.51553
11	27	1	0	1	16.00	1.70	.18	.09	0	.35031	.61051	.09055
12	25	1	4	0	23.00	5.20	.25	.94	0	.23905	.21902	.13631
13	52	1	24	14	64.00	10.00	3.93	2.47	0	.00979	.00628	.22890
14	37	1	6	9	29.00	16.30	1.72	3.01	0	.36449	.34047	.40484
15	48	1	22	15	100.00	9.10	3.70	5.40	0	.01187	.00771	.20866
16	36	2	9	6	49.00	8.60	.82	3.40	1	.09670	.11384	.19801
17	36	2	13	6	41.00	16.40	2.92	3.81	1	.21205	.17502	.40801
18	43	1	23	19	72.00	7.60	1.18	4.29	0	.00140	.00056	.17793
19	39	1	6	9	61.00	5.70	.56	2.91	0	.10415	.09273	.14424
20	41	3	0	21	26.00	1.70	.10	.34	0	.09192	.08691	.09055
21	39	1	22	3	52.00	3.20	1.15	.51	0	.00437	.00164	.10817

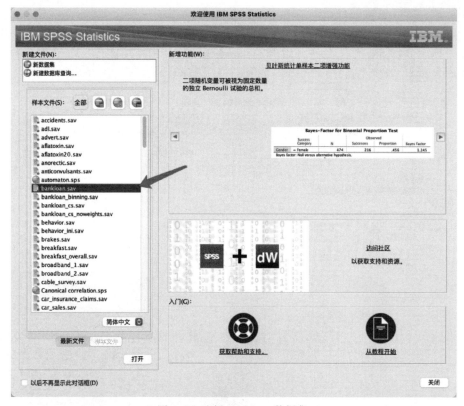

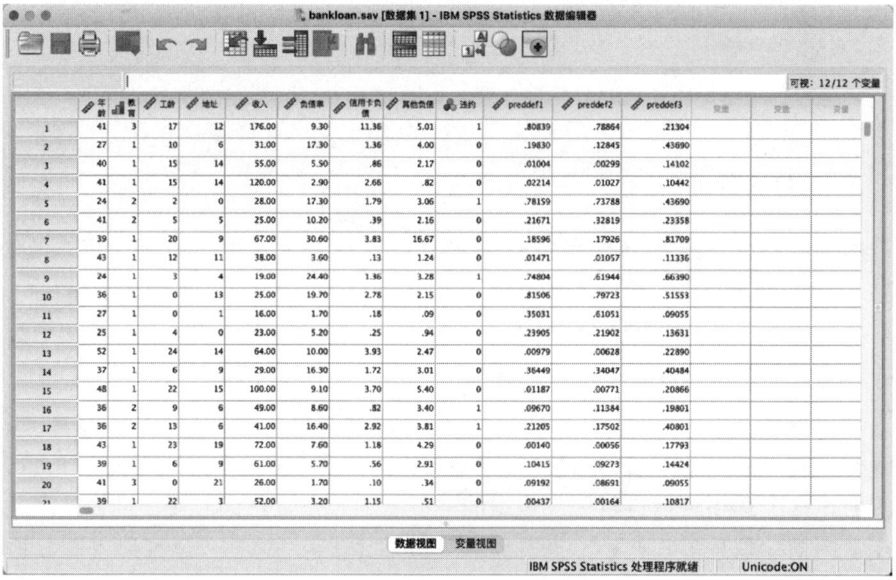

图 1.6　bankloan 数据集

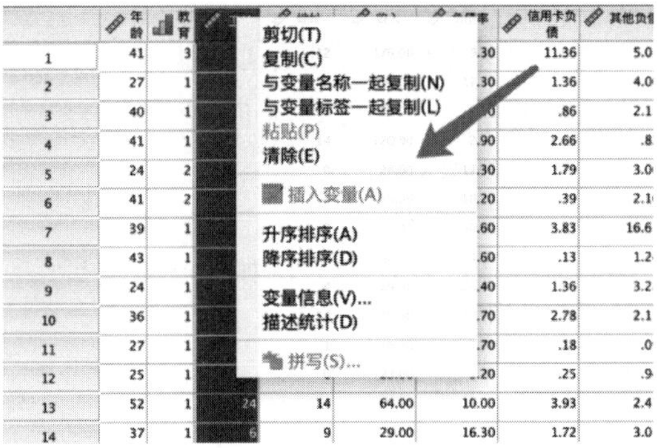

图 1.7　数据集选项

图 1.8　变量视图

变量视图中显示出了变量名称、变量类型等信息，并且可以在这个窗口对变量的信息进行调整。

（2）运行分析

在进行分析操作之前，先来简单了解一下数据编辑器窗口的菜单。通过这些菜单可以对数据进行不同的操作，SPSS 几乎所有的功能都可以通过点击这些菜单实现。这些菜单包括：

- 文件：保存、新建文件等操作。
- 编辑：复制、搜索等操作。

- 查看：改变字体等操作。
- 数据：对数据进行各种操作，例如合并数据。
- 转换：对数据进行转换，例如对数据进行分箱。
- 分析：进行各种统计分析。
- 图形：对数据进行可视化。
- 实用程序：提高效率的一些功能，例如定义宏变量。
- 扩展：调用其他编程语言
- 窗口：对 SPSS 窗口进行调整。
- 帮助：查看 SPSS 帮助。

准备好数据集之后，就可以进行分析了。分析菜单包含非常多的内容，包括报告、统计分析等选项。大多数选项后面都存在一些子选项，这些子选项也可以称为过程（procedure）。例如，我们要创建一个代码本（codebook，代码本可以查看数据中每个变量的摘要描述）。点击"分析"→"报告"→"代码本"，如图 1.9 所示。

点击了代码本之后，会显示代码本过程对应的窗口，如图 1.10 所示。在这个窗口中，需要选择感兴趣的变量。本例选择所有的变量，然后选择"确定"，如图 1.11 所示。

图 1.9 代码本

图 1.10 代码本窗口

点击确定之后，SPSS 会生成分析结果，并在一个新的窗口（查看器）中显示，如图 1.12 所示。

查看器窗口有两部分：大纲窗格和内容窗格。左侧的大纲窗格包含右侧内容

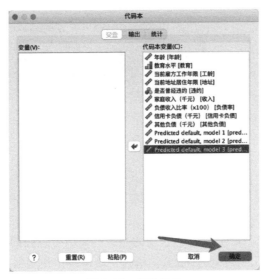

图 1.11 设置变量

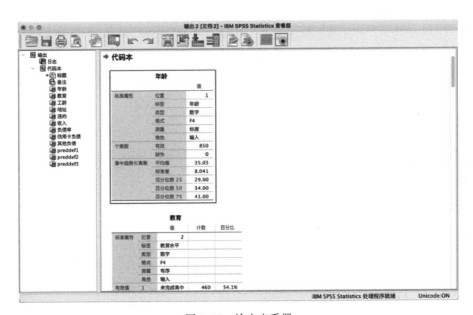

图 1.12 输出查看器

窗格中显示的所有项目的大纲或列表。用户可以通过在大纲窗格中选择不同的标题来快速查看对应的结果。

另外,如果想要查看原始数据,可以通过点击"窗口"菜单来切换不同的窗口,如图 1.13 所示。

代码本的分析结果会给出所选择变量的相关信息,例如统计描述、缺失值、

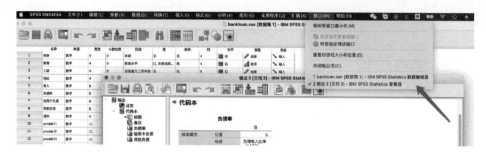

图 1.13　窗口菜单

变量类型等信息。需要注意的是，大多数过程对话框都具有相同的基本组件并包含许多共同特征，包括：

- 源变量（source variables）：指的是数据集中可以用的变量。
- 目标变量（target variables）：指的是该过程中使用的变量。
- 控制按钮：例如确定、重置、取消等按钮。
- 选项卡：用于控制可选设置。

下面通过一个例子来了解以上 4 个组件，查看代码本过程，如图 1.14 所示。

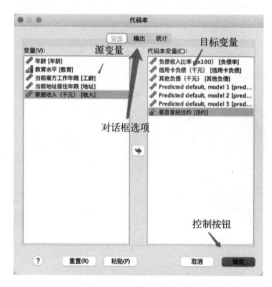

图 1.14　代码本组件

在源变量和目标变量列表中，显示的是变量标签，后面方括号中表示的是变量名称。如果变量没有标签，则仅显示变量名称。此外，鼠标右键源变量列表中的变量可以调整该变量的显示描述（变量名或变量标签），如图 1.15 所示。

另外，变量前的小图标，提示了有关变量类型和测量级别的信息。

第1章 初识SPSS

图 1.15　代码本

（3）创建图表

除了使用 SPSS 进行分析，还可以对数据进行可视化。首先点击"图形"菜单，选择"图表构建器"，如图 1.16 所示。

点击了图表构建器之后会出现一个警告信息，如图 1.17 所示。

图 1.16　选择图表构建器

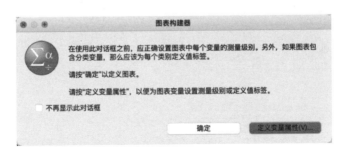

图 1.17　绘图警告

11

这个警告信息就是提示我们要正确地定义变量的类型，如果不希望重复提醒则可以勾选"不再显示此对话框"。如果没问题，点击"确定"即可。点击确定之后，会显示图表生成器对话框，如图1.18所示。

接下来，需要选择想要绘制的图形。将所选图形拖拽到预览窗口中，或者双击图形，就可以出现一个预制图。例如这里选择了"折线图"，如图1.19所示。

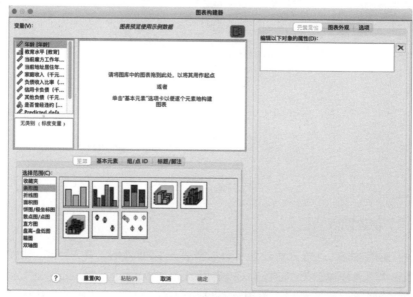

图1.18　图表构建器

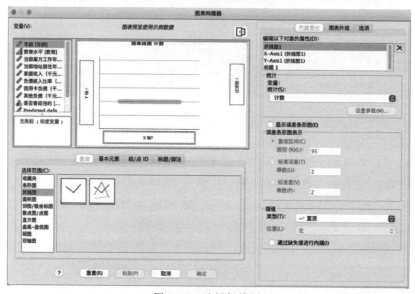

图1.19　选择折线图

然后，需要将数据与预制图关联起来，实现方式就是将变量拖拽到图形的对应位置。例如，将"X轴"设置为"家庭收入"，"Y轴"设置成为"负债收入比率"，结果如图1.20所示。

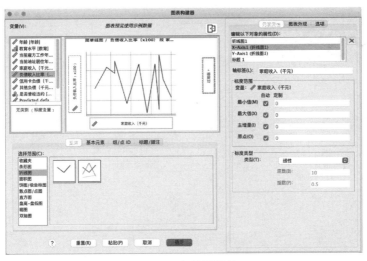

图1.20 折线图设置

需要注意的是，预览窗口中的图形显示并不代表实际数据，该图表仅仅演示将要生成的图表的组成和外观。

想要获得数据对应的图形，需要点击"确定"。绘图的结果将出现在输出查看器中，如图1.21所示。

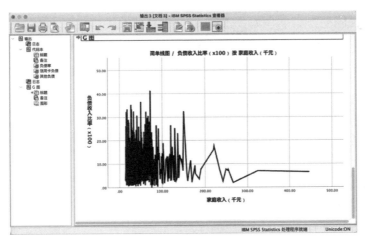

图1.21 绘图结果

在图表绘制对话框中有非常多的选项，通过这些选项可以对图形细节进行调整，例如改变颜色、字体等。更多的绘图内容会在后续章节进行介绍。

第2章
SPSS数据

当我们要使用 SPSS 进行分析时，首先要准备数据，然后将数据导入。与其他统计工具一样，SPSS 可以从多种格式的文件中获取数据，包括数据库、文本文件、SAS 文件等。当然，也可以直接在 SPSS 中构造数据，或将 SPSS 中的数据导出成为各种格式的文件。

2.1 变量定义

在本节中，我们来稍微深入了解一些关于 SPSS 中数据定义相关的问题。打开 SPSS，进入数据编辑器窗口，如图 2.1 所示。

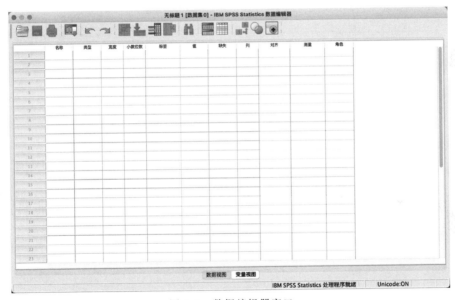

图 2.1　数据编辑器窗口

这里没有导入数据，因此，数据编辑器中是没有数据的。我们可以在任意行和列添加、修改、删除数据，例如在第一行第一列添加一个数字（图 2.2）。写入数据之前，需要设置变量属性，这里需要点击图 2.2 中箭头所指的"变量视图"。

点击变量视图之后，会出现图 2.3 所示的变量视图窗口。从图 2.3 中可以看到，变量的属性包括变量名称、类型、宽度、小数位数等信息。通过这些变量属性的设置，可以为数据赋予更精确的定义。

需要注意的是，初始情况下，变量视图是没有任何信息的。但是如果在数据

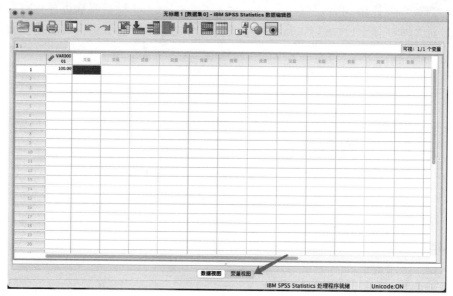

图 2.2　添加数据

图 2.3　变量视图

视图添加了数据，变量视图则会自动根据所添加的内容进行默认设置。每个变量属性都有一个默认值，大多数情况下，SPSS 自动生成的结果是没有问题的。

2.1.1　变量名称

图 2.3 中最左边的列是输入变量名称的地方。鼠标单击单元格，即可输入变量名，例如年龄、收入等。名称最好简洁，过长的名称会造成乱码等问题。在输入变量名的时候，尽管可以在名称中使用字符，例如@_#$，以及数字，但是并不建议这么做，因为在一些高级功能中，这些字符表示特殊变量。

良好的命名方式可以让自己或者其他使用者很快理解变量的含义，以下是一些关于命名的建议：

- 不要以数字开头。
- 用下划线代替空格。
- 命名要有意义。

2.1.2 变量类型

通常情况下，输入的大多数数据只是常规数字。但有时除了常规数字之外，也会有很多其他类型的数据，例如货币、时间、字符串等。

单击要填写类型的单元格，会出现省略号按钮，如图 2.4 所示。点击该按钮，会出现如图 2.5 所示的对话框。

图 2.4 选择变量类型

SPSS 用户可以从下列预定义的变量类型中进行选择：

① 数字：数字是任何可识别形式的标准数字。"宽度"是数字中所有字符的总数——包括任何正号或负号以及指数指示符。"小数位数"指显示在小数点后的位数，不包括指数。

② 逗号：这种类型表示，每隔三位数，在数字之间添加一个逗号。

③ 点：此类型与逗号选项类似。

④ 科学记数法：使用科学记数法表示数据。

⑤ 日期：该类型表示一个变量，可以包括年、月、日、时、分和秒。日期有很多的格式，如图 2.6 所示。

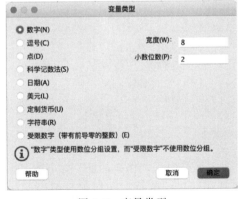

图 2.5 变量类型

图 2.6 日期类型

⑥ 美元：美元值始终以美元符号开头和小数点句点显示。可选的格式如图 2.7 所示。

⑦ 定制货币：定制货币的五种格式分别是 CCA、CCB、CCC、CCD 和 CCE，如图 2.8 所示。

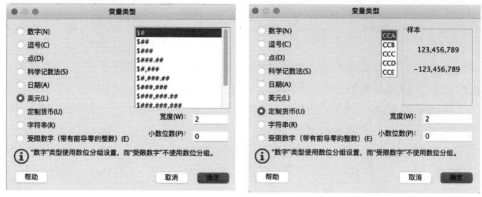

图 2.7 美元类型　　　　　图 2.8 定制货币类型

用户可以通过"编辑"→"选项",然后点击"货币"选项卡来查看和修改这些格式的详细信息,如图 2.9 所示。

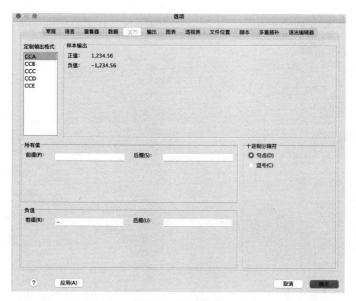

图 2.9 选项菜单

⑧ 字符串:当数据是文本时,就需要使用字符串了,例如地址、姓名等。

⑨ 受限数字:受限数字非常适合那些以 0 开头的数据,例如邮政编码。这些变量并不是真正的数字。在其他很多工具中,这类数据被直接声明为字符串。

2.1.3 宽度、小数点位和标签

变量定义中的宽度列用于显示值的字符数。如果要显示的值不足以填充空间，则输出将用空白填充。如果数据比指定宽度的大，数据将被重新格式化以适应或显示星号。

需要注意的是，在数据视图输入数据的时候，SPSS 会自动根据输入数据设置宽度。任意一处发生了修改，另外一处也会对应地发生修改。

小数位数表示当数值出现在屏幕上时出现在小数点右侧的位数。在定义变量类型时，可能已将此值指定为小数位数值。

名称和标签类似，它们都是标识变量的描述符，不同之处在于名称是短标识符，标签是长标识符。SPSS 用户可以在"标签"列中输入几乎任何内容，当然，也可以跳过定义标签。

2.1.4 值

值列是为变量的所有可能值分配标签的地方。如果在"值"列中选择一个单元格，则会出现一个省略号按钮。单击该按钮会显示如图 2.10 所示的对话框。

通常，可以为变量假定的每个可能值输入一个条目。例如，对于名为性别的变量，可以将值 1 分配给男性标签，将值 2 分配给女性标签。如果定义了标签，那么输出可以显示标签而不是值。

图 2.10 值标签

要为值定义标签，可以执行以下操作：

首先在"值"对应的框中输入数据，然后在"标签"对应的框中输入数据（图 2.11）。接着点击"添加"按钮。添加之后，结果如图 2.12 所示。

图 2.11 值标签

图 2.12 添加后的值标签

最后点击"确定"，完成添加。通过以上几个步骤，即可完成为值定义标签。同理，想要更改，去除标签也是类似的步骤。

2.1.5 缺失

对于某些原因导致的数据缺失，可以通过缺失这个属性指定缺失数据。例如，某个问题是"您的年龄是？"这个问题的正常答案是数字，因此将变量类型定义为数字。但如果有人选择忽略这个问题，这个变量将没有值。为此，可以指定占位符值。也许"0"在这里作为占位符似乎是一个不错的选择，因为严格来说，没有人会是0岁。

这一操作可先在"缺失"列中选择一个单元格。单击省略号按钮，显示缺失值对话框，如图 2.13 所示。

也可以指定特定值来表示缺失值的不同原因。例如对于"您的年龄是？"这个问题，可以将-1定义为当答案是"我不记得"时输入的值，而-2可以在答案是"不关你的事"时使用。如果指定一个值表示缺失值，则该值不包括在一般计算中，

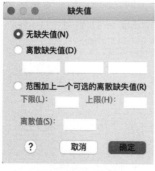

图 2.13 缺失值

但可用于确定由于每种不同原因而丢失了多少值。最多可以指定三个特定值（称为离散值）来表示缺失数据，或者可以指定一个数字范围以及一个离散值，所有这些都被视为缺失。

2.1.6 列、对齐和测量

列属性用于控制数据列的宽度。

对齐属性用于设置数据在其分配空间中的位置，数据可以左对齐、右对齐或居中。

测量属性的值指定变量的测量级别。以下是 SPSS 中的测量级别选项：

- 名义（Nominal）：用于表示类别，例如性别。
- 顺序（Ordinal）：用于表示顺序，例如季节。
- 刻度（Scale）：用于表示不同的刻度，例如质量、距离等。

2.1.7 角色

一些 SPSS 对话框会根据变量的作用或在分析中的使用方式来选择变量。单击"角色"列中的单元格时，可以选择以下6个选项之一。

① 输入（input）：表示自变量，默认是这个角色。
② 目标（target）：因变量。

③ 两者（both）：同时是因变量和自变量。
④ 空（none）：没有角色。
⑤ 分区（partition）：用于拆分数据。
⑥ 拆分（split）：可以根据这个变量的不同结果构建多个模型。

可以使用数据菜单中的"定义变量属性"过程来指定变量属性，如图 2.14 所示。

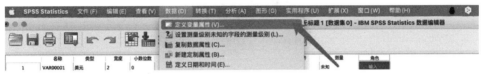

图 2.14　定义变量属性

完成变量的定义后，便可以开始输入数据了。

为了保险起见，在输入数据后，通过选择"文件"→"另存为"将数据保存到文件中。然后在整个数据输入过程中选择"文件"→"保存"继续保存数据，以防止计算机意外崩溃而导致工作进度丢失。

2.2　SPSS 读取数据

大多数情况下，我们并不会手工创建数据。我们的数据可能来源于一份文本文件，也可能存储在数据库中等。在本节中，我们来了解从其他来源导入数据，以及将数据导出 SPSS 的方法。

SPSS 使用自己的格式（扩展名为 .sav）来存储数据和写入文件。使用 SPSS 数据格式的优势在于文件中包含元数据。

SPSS 自带了许多可用的数据集，当我们学习 SPSS 的时候，这些数据集都是非常合适的示例。想要使用这些数据集，在打开 SPSS 之后，点击"样本文件"，便可见如图 2.15 所示的数据集列表。

双击任意需要使用的数据集，就可以进入对应数据集的数据编辑窗口。例如双击第一个数据集"accidents.sav"，结果如图 2.16 所示。

如果有数据需要保存，可以通过选择菜单栏中的"文件"→"另存为"。保存文件的时候，需要提供文件名，以及文件的保存位置，默认情况下，数据会保存为后缀为 .sav 格式的文件。当然，除了数据可以保存为后缀为 .sav 的文件，还可以保存为其他后缀类型的文件，例如后缀为 .csv 的文件。点击"保存类型"右边的对话框，如图 2.17 所示。

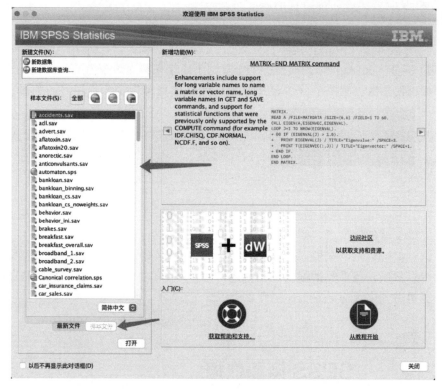

图 2.15 自带数据集

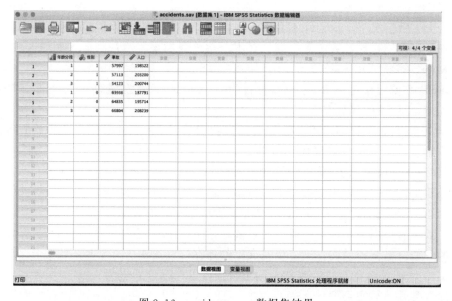

图 2.16 accidents.sav 数据集结果

图 2.17　保存数据集

接下来我们来了解如何使用 SPSS 读取其他类型的数据。

2.2.1　从文本文件获取数据

第 1 步：想要读取文本文件，需要选择菜单栏中，"文件"→"导入数据"→"文本数据"，进入对话框，如图 2.18 所示。

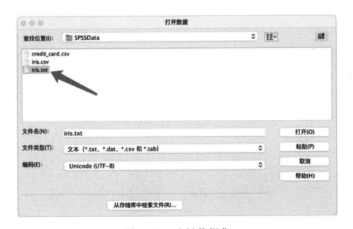

图 2.18　选择数据集

选择"iris.txt"（本书的配套资源中提供了该数据集，读者也可以使用自己的数据集进行操作）。点击"打开"之后将进入导入数据的流程，如图 2.19 所示。第 1 步的这个界面提供了关于数据集的预览，如果没有问题，点击"继续"。

第 2 步：如图 2.20 所示，可以选择变量的排列方式、文件开头是否包括变量名、小数符号是什么。没有问题就点击"继续"。

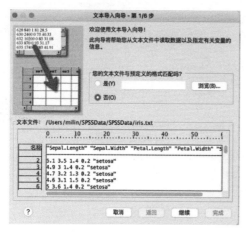

图 2.19　导入文本数据

图 2.20　导入文本数据

第 3 步：如图 2.21 所示，用于控制数据集的案例，包括数据从哪行开始，每一个案例如何表示，要导入多少案例（通常每一行表示一个案例），如果需要对数据进行抽样，也是在这一个步骤进行设置。根据需要进行设置后，点击"继续"。

第 4 步：如图 2.22 所示，可以设定变量之间的定界符（有时候也叫作分隔符），文本的限定符，是否去除字符串头尾的空格。对于后缀为 .txt 文件的数据集，定界符通常是空格，但并不总是这样，因此需要根据实际情况进行调整。进行合适的设置之后，点击"继续"。

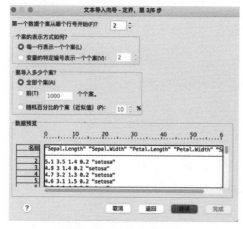

图 2.21　导入文本数据

图 2.22　导入文本数据

第 5 步：如图 2.23 所示，可以设置数据集中的变量属性，点击不同的列，可以调整不同的列名，也可以调整对应列的数据格式。如果不设置数据格式，那么 SPSS 会根据不同列的数据自动调整。完成设置后点击"继续"。

第 6 步：如图 2.24 所示，已经完成了文本文件格式的定义，我们可以选择将该文件格式进行保存。完成本页设置后，点击"完成"即可完成数据的导入。

图 2.23　导入文本数据

图 2.24　导入文本数据

2.2.2　读取 Excel 文件

使用 SPSS 读取 Excel 文件的过程和读取文本文件的过程是类似的。在菜单栏中，选择"文件"→"导入数据"→"Excel"，结果如图 2.25 所示。

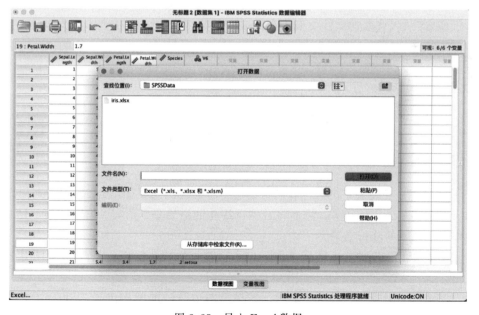

图 2.25　导入 Excel 数据

选择"iris.xlsx",然后点击"打开",结果如图 2.26 所示。

需要注意的是,在工作表对话框中可以选择 Excel 表中的不同 sheet,例如选择另外一个 sheet,如图 2.27 所示。

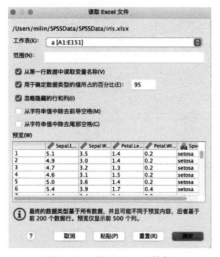 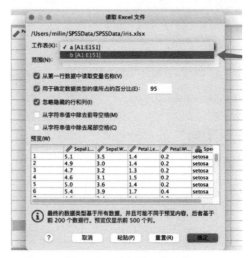

图 2.26　导入 Excel 数据　　　　　　　图 2.27　导入 Excel 数据

其他的设置包括,确认第一行是不是变量名、是否去除空格等,根据需要设置即可,点击"确定"即可完成导入。相比于读取文本文件,SPSS 读取 Excel 文件更加简洁,这是因为 Excel 文件格式更加规范,SPSS 知道如何直接读取 Excel 文件。

SPSS 可以读取的文件类型还有很多,但是读取文件的过程都是类似的,读者举一反三即可,这里就不逐一介绍了。

2.3　SPSS 输出分析结果

当进行了任何分析之后,我们可能需要将分析的结果输出到 SPSS 之外,例如用于 Word 或 Excel 等,进而将数据可视化的结果分享给相关方。本节介绍如何输出 SPSS 的分析结果。

下面以创建并输出一个图表作为例子。首先加载数据集 iris.txt,如图 2.28 所示。

将数据导入到 SPSS 当中之后,选择"图形"→"图表构建器",将打开图表构建器的窗口,如图 2.29 所示。

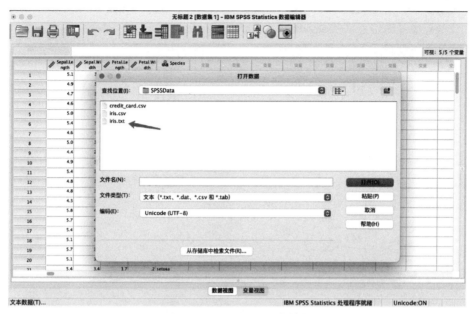

图 2.28　导入 iris.txt 数据集

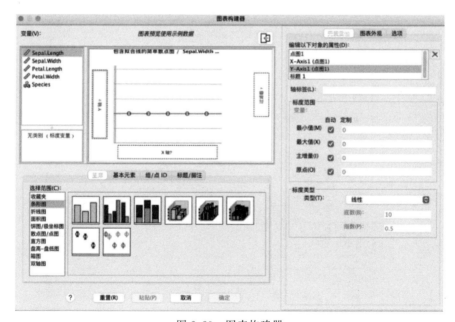

图 2.29　图表构建器

然后选择"散点图",并将"散点图"拖拽到预览窗口,如图 2.30 所示。

将变量"Sepal.Length"设置成为"X 轴","Sepal.Width"设置成为"Y 轴"。实现方式是将对应的变量拖拽到预览窗口中的对应位置,如图 2.31 所示。

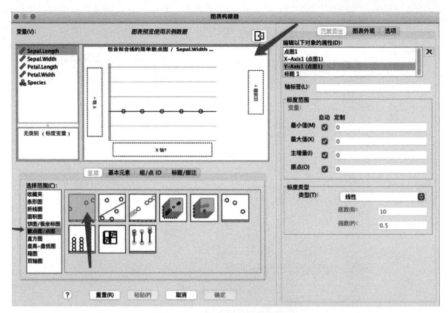

图 2.30　选择并拖拽散点图

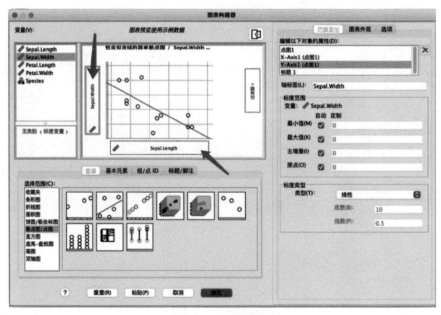

图 2.31　变量设置

点击"确定",这样,我们就绘制出了一幅散点图,绘图结果如图 2.32 所示。

用户可以在内容窗格中滚动浏览输出内容,但从大纲窗格中导航更简单便捷。只需单击大纲窗格中的项目即可导航到内容窗格中的选定项目。此外，在大纲窗口中，鼠标右键点击目录还可以进行更多的操作，例如导出某一部分结果，如图 2.33 所示。

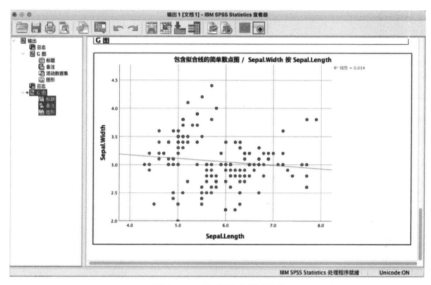

图 2.32 完成散点图绘制

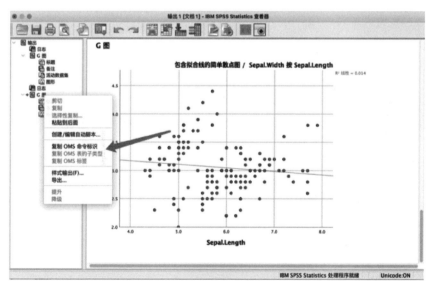

图 2.33 导出结果

在大纲窗格中，点击"箭头"图标可以隐藏或者打开目录，如图 2.34 所示。在隐藏或者打开目录之后，对应右侧内容窗格与目录对应的内容也会被打开或者隐藏。隐藏项目而不删除它们，可使我们专注于感兴趣的结果。

图 2.34　隐藏项目

在输出查看器中，对象（例如表格、图表、标题和注释）被组织在分层块中，每个块都由一个过程定义。每个块由一个名称标识。这些名称标识都是可以修改的，例如修改图形标题，如图 2.35 所示。

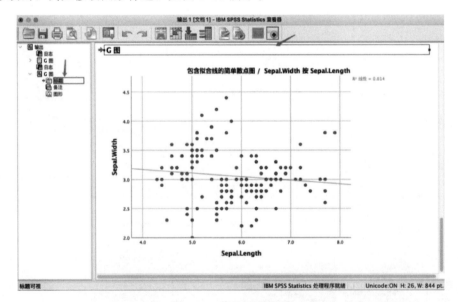

图 2.35　修改图形标题

2.3.1　复制和粘贴输出

当在 SPSS 中运行分析或生成图形后，将结果传输到另一个应用程序的最简单方法是直接复制和粘贴。

如图 2.36 所示，若要输出的图表，则以鼠标右键单击图像并选择"复制"，便可在 Microsoft Word 等应用中直接粘贴（图片）。若需粘贴为"图形对象"，则可选择"选择性粘贴"并粘贴为相应格式。

复制时弹出的菜单中，"复制为"提供了更多的选项，但功能上类似，对此不再赘述。

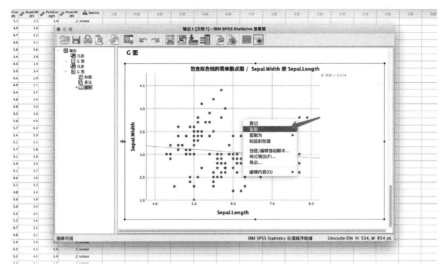

图 2.36　复制图片

2.3.2　导出输出

如果要传输许多表，一张一张地复制和粘贴可不是一个好的选择。这个时候需要使用导出输出工具，这个工具提供了适合其他应用程序使用的多种文件格式。

作为示例，我们将 SPSS 输出导出到 Microsoft Word 文件中，步骤如下。

选择菜单中的"文件"→"导出"。除了这种方式之外，还可以在左侧的大纲窗口点击鼠标右键，如图 2.37 所示。这种方式有一个好处，即可以有选择性地

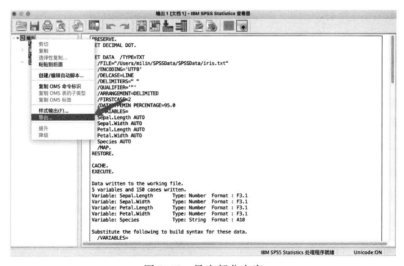

图 2.37　导出部分内容

导出内容。例如只想导出某一部分的内容，那么鼠标右键对应层级的目录即可。

点击导出之后，如图 2.38 所示。在这个窗口，可以进行一些导出的设置。

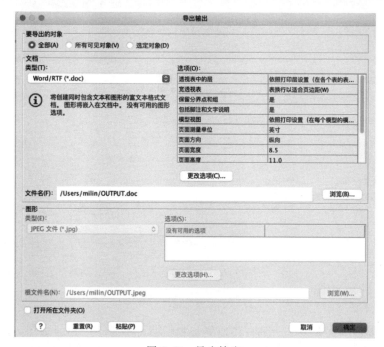

图 2.38　导出输出

根据需要进行设置。默认是导出全部对象，选项为"全部（A）"。如果用户是在大纲窗口通过鼠标右键导出某一目录下的内容，那么要导出的内容选项会自动调整为"选定对象（D）"。对于导出的文档类型，SPSS 支持 doc \ docx、xls \ xlsx、html、txt、ppt、pdf 等众多格式。本例因为要导出为 Microsoft Word，文档类型选择为 .doc。

其他需要修改的包括导出的路径，导出的文件名、选项等，根据需要修改即可。通常情况下，除了路径和文件名，其他保持默认即可。

点击"确定"，完成导出。打开导出的 .doc 文件，它将包含 SPSS 输出中的表格和图形。

2.3.3　打印数据

除上述两种输出方式外，亦可以选择"文件"→"打印"将结果直接打印出来。如果不确定输出会是什么样子，可以选择"文件"→"打印预览"。窗口顶部的缩放和页面选择控件允许检查输出。需注意，如果要打印的表格太宽而无法完整输出时，SPSS 会将输出拆分为多页。

第3章
数据处理与数据转换

将原始数据输入 SPSS 后，有时可能会发现数据包含错误，或没有按照我们所期望的那样呈现。这个时候就需要对数据进行处理与转换。

3.1 排序案例

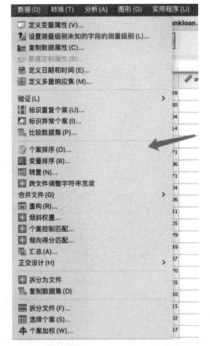

通常情况下，原始的数据集中的数据是杂乱无序的。例如有一份记录居民收入信息的数据集，我们无法快速从数据中观察出最低工资是多少，或者排名第十高的工资是多少，这个时候需要对数据进行排序，更改案例（行）的顺序，以便以我们所需要的任何顺序显示。本节将使用 SPSS 自带的 bankloan 数据集，介绍如何对数据集进行排序。

打开 bankloan 数据集后，选择"数据"→"个案排序"，如图 3.1 所示。

然后选择年龄和工龄作为排序的键进行排序，将"年龄"和"工龄"这两个变量拖拽到"排序依据"。此外，在这里可以进行选择排列顺序，升序或者降序，这里选择"升序"。然后点击"确定"，即可完成排序。如图 3.2 所示。

图 3.1 个案排序

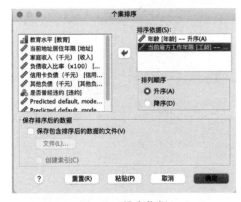

图 3.2 排序依据

需要注意的是，变量选择的顺序会影响排序之后的结果，也就是说，先选择年龄再选择工龄，和先选择工龄再选年龄的排序结果是不一样。如先选择年龄后选择工龄则会先根据年龄进行排序，然后在排序的基础之上再根据工龄进行排序。

设置好变量以后，点击"确认"，结果如图3.3所示。

图3.3 排序结果

因为先选择了年龄变量，后选择工龄变量，从排序结果可以看到，数据集中年龄是从小到大排序的。而年龄相等的那些行中，工龄又是从小到大进行排序的。

需要注意的是，如果数据中存在缺失值，执行升序排序时，系统缺失值将出现在所有其他值之前。

3.2 筛选数据集中的行

很多时候，我们并不对整个数据集感兴趣，而是对数据集的某一部分感兴趣。案例转换允许选择其中一部分，然后仅在该部分上进行分析。在下面的示例中，我们选择工龄为0的那些行。

首先点击"数据"→"选择个案"，结果如图3.4所示。

如图3.4所示，这里有很多筛选行的方法，这里选择"如果条件满足"，接着点击"如果（I）..."，然后会弹出一个对话框（图 3.5），我们需要在这个对话框内设置筛选的条件，点击"工龄"，并设置条件为"工龄＝0"。

图 3.4　选择个案

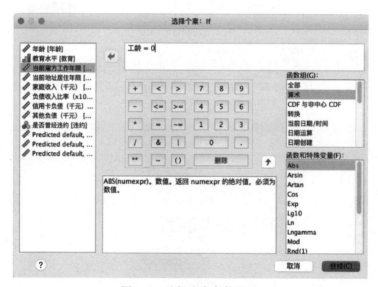

图 3.5　选择个案条件设置

设置好条件之后，点击"继续"，结果如图 3.6 所示。

再点击"确定"，即可完成对数据的筛选，结果如图 3.7 所示。

从结果中可以看到，第一列中有很多的行的序号被斜杠划掉，表示这些行不满足筛选的条件。

图 3.6 选择个案

图 3.7 数据筛选

3.3 拆分数据

在某些情况下，你可能希望对一组案例运行一系列分析，然后选择另一组案例并对它们重新运行相同的分析。此时，就需要用到拆分文件，它允许依次选择每个组,并在每个单独的组上运行所有分析。

首先,重新导入数据,这里依然使用 bankloan 数据集。

将数据导入到 SPSS 当中,然后,选择"数据"→"拆分文件"。点击拆分文件之后,将出现一个新窗口,这里根据教育变量来拆分数据集。双击"教育",并且选择"比较组(C)",具体设置结果如图 3.8 所示。

设置完成之后,点击"确定",结果如图 3.9 所示。

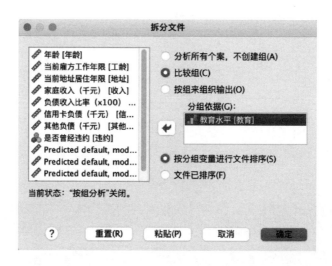

图 3.8 拆分文件

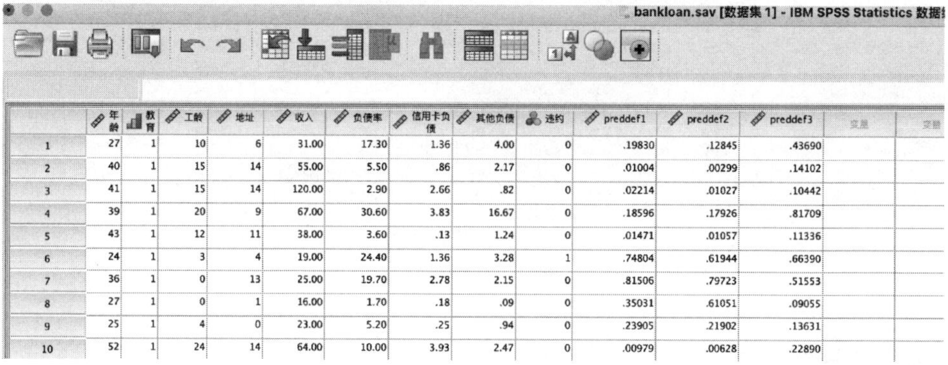

图 3.9 数据集

接着选择"分析"→"描述统计"→"频率",如图 3.10 所示。

点击之后,将会出现一个对话框。这里,我们统计不同教育情况人群中违约的数量,双击"违约"作为变量,如图 3.11 所示。

点击"确认"之后,会出现分析结果,如图 3.12 所示。

图 3.10　描述统计

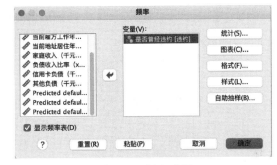

图 3.11　频率过程

教育水平			是否曾经违约			
			频率	百分比	有效百分比	累积百分比
未完成高中	有效	否	293	63.7	78.8	78.8
		是	79	17.2	21.2	100.0
		总计	372	80.9	100.0	
	缺失	系统	88	19.1		
	总计		460	100.0		
高中	有效	否	139	59.1	70.2	70.2
		是	59	25.1	29.8	100.0
		总计	198	84.3	100.0	
	缺失	系统	37	15.7		
	总计		235	100.0		
大专	有效	否	57	56.4	65.5	65.5
		是	30	29.7	34.5	100.0
		总计	87	86.1	100.0	
	缺失	系统	14	13.9		
	总计		101	100.0		
大学	有效	否	24	49.0	63.2	63.2
		是	14	28.6	36.8	100.0
		总计	38	77.6	100.0	
	缺失	系统	11	22.4		
	总计		49	100.0		
研究生	有效	否	4	80.0	80.0	80.0
		是	1	20.0	20.0	100.0
		总计	5	100.0	100.0	

图 3.12　分析结果

从结果中可以看到违约比例最高的群体是高中。需要注意的是，要关闭拆分，在拆分文件对话框中选择"分析所有案例，不创建组"即可。

3.4 重新编码变量

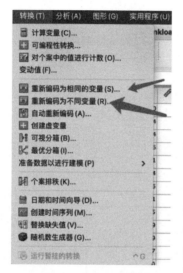

图 3.13 重新编码变量

在实践中，有时可能需要重新编码以纠正错误或使数据更易于使用。例如，如果有一些数据的值为 Yes 和 No，可以将这些值分别重新编码为 1 和 0。

SPSS 几乎可以将任意特定值更改为任意值。SPSS 有两个重新编码变量的选项："重新编码为相同的变量"和"重新编码为不同的变量"，如图 3.13 所示。

对数据的更改无法自动撤销，因此需要谨慎选择编码方式。除非必要，否则不要轻易使用"重新编码为相同的变量"这个选项。使用"重新编码为不同的变量"更安全，因为这样不会修改原始的数据。

如果想在不创建新变量的情况下重新编码数据，请务必在开始之前创建数据副本，以免意外丢失数据。

3.4.1 重新编码成不同的变量

在这个例子中依然使用 bankloan 数据集，我们试着将违约中的"1"和"0"重新编码为"违约"和"未违约"。

首先，点击"转换"→"重新编码为不同变量"。点击之后，会出现新的对话框，双击"违约"，选择违约这个变量重新进行编码，设置结果如图 3.14 所示。

然后在右边的输出变量输入名称和标签，这是为了给新创建的变量赋予变量名和标签。如图 3.15 所示。

完成设置之后，点击"变化量"，如图 3.16 所示。

下一步，我们需要定义旧值和新值的转换规则，点击"旧值和新值按钮"，出现新的对话框，如图 3.17 所示。

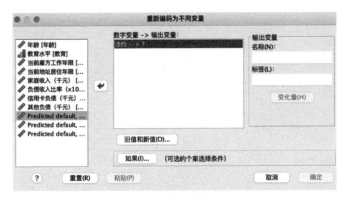

图 3.14 编码变量（1）

图 3.15 编码变量（2）

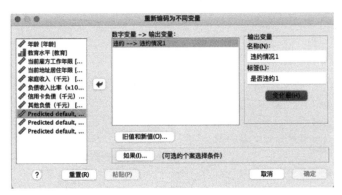

图 3.16 编码变量（3）

这个时候需要设置旧值（1）和新值（违约），需要勾选"输出变量是字符串"选项。设置结果如图 3.18 所示。

接着，点击"添加"按钮，添加转换规则，结果如图 3.19 所示。

以同样的方式添加旧值（0）和新值（未违约），结果如图 3.20 所示。

图 3.17　编码变量（4）

图 3.18　编码变量（5）

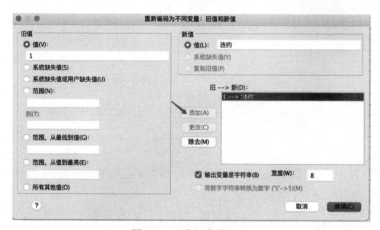

图 3.19　编码变量（6）

至此，我们添加了两条数据转换的规则。最后点击"继续"→"确定"，完成数据的重编码，编码结果如图 3.21 所示。

图 3.20　编码变量（7）

图 3.21　编码结果（8）

从图 3.21 中可以看到，新变量被添加到了数据集的最后一列，通过这样的方式，就完成了将变量重新编码为不同变量。将变量重新编码为相同变量的步骤类似，这里就不赘述了。

3.4.2　自动重新编码

字符串变量有时会在 SPSS 中产生令人困惑的问题，因为某些对话框（例如单因素方差分析）无法识别字符串变量，即使这些对话框确实接受分类变量。通过"自动重新编码"可以将字符串值自动转换为带有标签的数值，以避免此类问题。本小节以第 3.4.1 节中创建的"违约情况 1"这个变量为例进行转换。

想要进行自动重新编码,需要首先点击"转换"→"自动重新编码"(图 3.22)。

点击之后,出现新的对话框。接着,双击"违约情况 1"这个变量,然后填写新名称(违约情况 2),并点击"添加新名称"。如果数据中存在空字符串,则需要勾选"将空字符串值视为用户缺失值"。如图 3.23 所示。

图 3.22 自动重新编码菜单

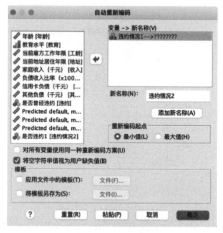

图 3.23 自动编码

点击"确定"即可完成转换,最终结果如图 3.24 所示。

	年龄	教育	工龄	地址	收入	负债率	信用卡负债	其他负债	违约	preddef1	preddef2	preddef3	违约情况1	违约情况2
1	41	3	17	12	176.00	9.30	11.36	5.01	1	.80839	.78864	.21304	违约	1
2	27	1	10	6	31.00	17.30	1.36	4.00	0	.19830	.12845	.43690	未违	2
3	40	1	15	14	55.00	5.50	.86	2.17	0	.01004	.00299	.14102	未违	2
4	41	1	15	14	120.00	2.90	2.66	.82	0	.02214	.01027	.10442	未违	2
5	24	2	2	0	28.00	17.30	1.79	3.06	1	.78159	.73788	.43690	违约	1
6	41	2	5	5	25.00	10.20	.39	2.16	0	.21671	.32819	.23358	未违	2
7	39	1	20	9	67.00	30.60	3.83	16.67	1	.18596	.17926	.81709	违约	1
8	43	1	12	11	38.00	3.60	.13	1.24	0	.01471	.01057	.11336	未违	2
9	24	1	3	4	19.00	24.40	1.36	3.28	1	.74804	.61944	.66390	违约	1
10	36	1	0	13	25.00	19.70	2.78	2.15	0	.81506	.79357	.51553	未违	2

图 3.24 编码结果

转换后的值来自对原始变量的值进行排序,然后以新的排序顺序为它们分配数字。如果输入值是字符串而不是数字,则字符串按字母顺序排序。

3.5 数据分箱

数据分箱是非常常用的数据转换方法,对连续变量进行分箱有很多好处,例如可以避免数据中的误差,从而呈现出数据中真正的趋势。

在这个例子中,依然使用的是 bankloan 数据集。想要对数据进行分箱,首先需要选择"转换"→"可视分箱"。点击可视分箱之后会出现新的对话框,这里选择对年龄进行分箱,双击"年龄",结果如图 3.25 所示。

接着点击"继续",会弹出一个新的对话框,如图 3.26 所示。

在这个对话框中显示了很多信息,包括样本量(也就是扫描的个案数)为 850,缺失值数量为 0,其中还显示出了年龄变量的分布情况,我们可以从分布

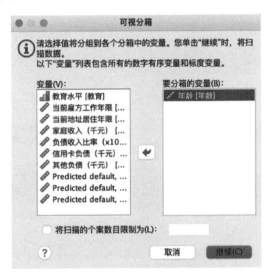

图 3.25　可视分箱(1)

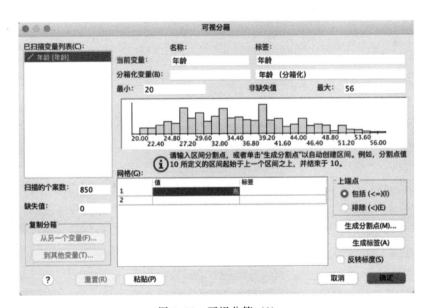

图 3.26　可视分箱(2)

图中了解到变量的基本情况，例如数据范围、数据的集中程度等。

下一步点击"生成分割点"按钮，弹出如图 3.27 所示窗口。

这里有两个分箱选择，一个是等宽分箱，另一个是等比分箱，在这个例子中选择等比分箱，即点击"基于所扫描个案的相等百分位数"。这意味着每个箱将包含相同数量的案例，我们设置"分割点数"为 4，如图 3.28 所示。

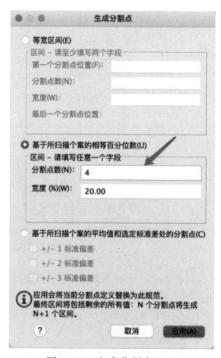

图 3.27　生成分割点（1）　　　　图 3.28　生成分割点（2）

注意：4 个分割点将数据分为 5 个箱，每个箱包含 20% 的案例，也就是说每个箱的数据量是一致的。

我们可以将数据划分为等宽的间隔——也就是说，每个箱将包含一个大小相同的数据范围，但是这种情况下，每一个箱的样本量则不一样。点击"应用"，结果如图 3.29 所示。

从图 3.29 中可以看出，直方图中出现了竖线，这些竖线将直方图分割成了 5 个部分，这 5 个部分就是 5 个箱。网格中显示出了分箱的具体规则，例如，小于等于 28 的年龄为第一个箱，大于 28 并且小于等于 32 的年龄为第二箱等。

我们在"分箱化变量"中填写年龄 bin，作为分箱后的变量名，点击"确定"，如图 3.30 所示。

此后会出现一条提示消息，点击"确定"即可完成分箱，分箱的最终结果如图 3.31 所示。

第3章
数据处理与数据转换

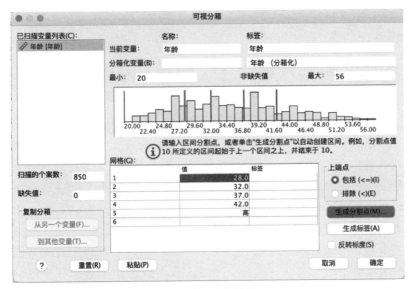

图 3.29 数据分箱结果（1）

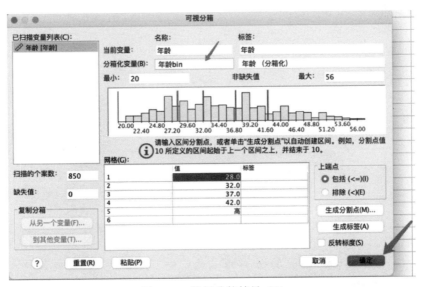

图 3.30 数据分箱结果（2）

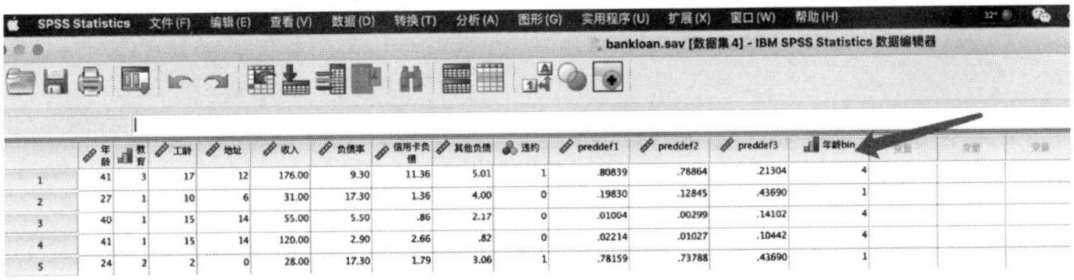

图 3.31 数据分箱最终结果

3.6 最优分箱

除了基础的分箱，SPSS 还提供了另一种被称为最优分箱的功能。最优分箱可以找到最适合预测的切点，其使用机器学习算法进行分箱，简单且功能强大。

这里依然使用 bankloan 数据，此前我们对这一数据集进行过一些处理，为了避免影响，读者可以重新导入 bankloan 数据集，或者点击"文件"→"还原为所保存的文件"，将数据集还原成最初的状态。

接下来进行最优分箱，点击"转换"→"最优分箱"。要使用最优分箱，还要设置一个需要分箱的变量和一个名义变量。我们依然用工龄进行分箱，将"工龄"拖拽到"要分箱的变量"中，并且将"违约"拖拽到"根据下列各项优化分箱"中，如图 3.32 所示。

图 3.32　最优分箱

要怎么理解这个"根据下列各项优化分箱"呢？以这里所使用的数据集举一个极端的例子，假设以 40 岁为分界点，大于 40 岁的人全部违约，小于 40 岁则全部不违约，那么 40 岁就是关于年龄的最优分割点。当然实际情况不可能这么直观，但是这个最优分箱的基本思路是这样，即如对话框中所说："选择的分箱将使分箱化变量与优化变量之间的关联最大化"。

点击"确定",最优分箱结果如图 3.33 所示。

结果很有趣。从结果可以看到,分成了两箱,并且第一箱的违约概率是 $118/280=42\%$,而第二箱中的违约概率是 $65/420=15\%$。这就说明工龄和违约是相关的,工龄大于 6 的人群违约概率低于工龄小于 6 的人群。

分箱摘要

当前雇方工作年限

分箱	端点		级别为 是否曾经违约 的个案数		
	下限	上限	否	是	总计
1	a	6	162	118	280
2	6	a	355	65	420
总计			517	183	700

每个分箱都计算为"下限 <= 当前雇方工作年限 < 上限"。

a. 无界限

图 3.33　最优分箱结果

另外需要注意,这里并没有生成新的变量,如果想要生成新变量,需要进行一些设置。在最优分箱窗口中点击图中的"保存"选项卡,如图 3.34 所示。

图 3.34　保存选项卡

勾选"创建包含分箱化数据值的变量",然后修改输出变量的后缀,也可以不修改,保持默认。通常不会勾选"替换同名的现有变量",因为其可能会导致原始数据的修改。点击"确定",结果如图 3.35 所示。

图 3.35　添加分箱数据变量

3.7 计算新变量

SPSS 的转换菜单中的"计算变量"是最常用的功能之一。计算变量也是从现有变量中生成新变量的一种方式,通过这一功能可将数据集中的变量与简单的算术运算符结合起来,实现类似于 Excel 公式的效果。

在该例子中使用的依然是 bankloan 数据集,首先打开需要使用的数据,然后点击"转换"→"计算变量"。

在这个例子中,我们计算负债和,即信用卡负债与其他负债之和。首先需要在"目标变量"处填写新变量的名称(总负债),然后在数字表达式中创建计算新变量的公式,如图 3.36 所示。

图 3.36 目标变量及数字表达式

接下来,点击左侧的"类型和标签按钮",还可以为我们创建的新变量(目标变量:总负债)设置标签和类型,点击"类型和标签",设置"标签"为"信用卡负债加其他负债",变量的"类型"为数字。如图 3.37 所示。

然后点击"继续"→"确定",即可创建新变量。添加总负债这一变量后的效果如图 3.38 所示。

需要注意的是,数据编辑器窗口的数据视图选项卡仅显示数据和变量名称。

图 3.37 类型和标签

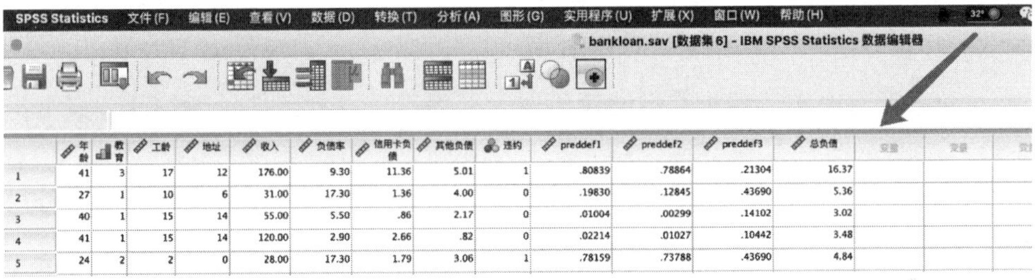

图 3.38 计算变量

如果想查看变量标签，需要切换到变量视图（通过单击窗口下方的变量视图选项卡进入）。

除了"信用卡负债＋其他负债"这种写法，我们还可以使用软件提供的常用函数（SUM 函数）进行求和，在"函数组"中选择"统计"，然后使用 SUM 函数进行求和。如图 3.39 所示。

函数组中还有很多其他函数，这些函数的使用方式与 SUM 函数的使用方式都是类似的。

3.7.1 使用条件计算新变量

在这个例子中，继续使用相同的 bankloan 数据集，并通过添加条件来对部分案例进行计算。例如，计算违约人群的负债。

图 3.39 使用函数

对此，我们需要在计算变量对话框中，点击左下角的"如果"按钮，在出现新的对话框（图 3.40）中设置判断条件。

"包括所有个案"意味着不设置条件。本例需要设置条件，则勾选"在个案

图 3.40 使用条件计算变量

满足条件时包括",然后创建条件"违约＝1"。

需要注意的是,如果有需要,这里可以使用函数组里面的函数来构建更为复杂的表达式。接着点击"继续"→"完成",即可根据条件创建新变量,结果如图3.41所示。从结果可以看到,创建的新变量中,不满足条件的行不会计算,用缺失值表示。

图 3.41　添加新变量的效果

3.7.2　使用系统变量

SPSS有另一种类型的变量,它已经定义并且可以在程序的任何地方使用。预定义变量称为系统变量,如图3.42所示的以符号＄开头的这些变量就是系统变量,并且已经包含值。想要了解这些系统变量具体的含义,只需要点击对应的系统变量,即可查看其含义。

图 3.42　系统变量

3.8 合并数据

数据通常保存在不同的文件中,甚至分布在不同的系统当中。因此很多时候需要对数据进行合并。合并数据集通常有两种方式,按行合并和按列合并。

3.8.1 按行合并

所谓按行合并指的是,两个或者多个文件中的变量必须具有相同的名称、编码值和类型。

本例以合并两份一样的 iris 数据集为例。先打开一份 iris 数据集(见配书资源),相关设置都保持默认即可。然后再重新打开一份 iris 数据集,打开方式与之前方式一致。打开了两份数据集之后,点击"数据"→"合并文件"→"添加个案"(图 3.43)。

之后出现一个新的窗口,如图 3.44 所示。

图 3.43 合并文件

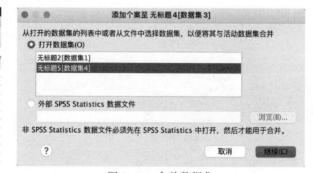

图 3.44 合并数据集

然后选择"数据集 4"(此处因打开的数据集情况不同会有所差异,如果不确定数据集的名称到底是什么,可以通过窗口菜单进行查看,如图 3.45 所示)。

选择好了数据之后,点击"继续",出现如图 3.46 所示窗口。

因为我们所选的两个文件中的变量有相同的名称、编码值和类型,所以所有的变量都是匹配的。如果有不匹配的变量,会列在"非成对变量"框中。

点击"确定",即完成数据的合并,下拉可见合并后的数据集有 300 行。

需要注意的是,变量将按变量名合并,所以变量的格式需要相同。例如,性别变量若在一个文件中编码为数值,在另一个文件中则不应编码为字符串。

图 3.45　窗口菜单

图 3.46　合并数据集

合并完成之后，点击"文件"→"另存为"，将合并的文件进行保存。注意最好不要选择直接保存，因为直接保存会覆盖原始的文件。

3.8.2　按列合并

假设有两份数据表，一份数据是用户的基础信息，包括用户 ID、用户的年龄等信息，另一份数据是用户的学籍信息，包括用户 ID、入学时间、学历等信息。如果想合并这两个数据集，即可使用按列合并，合并的方式即将相同用户 ID 对应的人的基础信息和学籍信息合并成同一行。

对此，可以执行两种类型的添加变量合并：一对一和一对多。两种类型都可将变量添加到与关键变量匹配的案例中。（关键变量指两个文件中都存在的案例标识符，例如，上述的用户 ID）。

生成的文件将包含两个文件中的所有变量，而未能匹配的数据用缺失值表示。

在这个例子中，我们使用两个新数据集：band_instruments.txt 和 band_members.txt（见配书资源）。

首先将这两个数据集导入到 SPSS 中，可见这两个数据集都有两列，分别表示姓名（name）和使用的乐器（plays）和乐队名称（band），如图 3.47 所示。这两个数据集有一个共同的列，也就是 name，我们可以根据这个变量来合并这

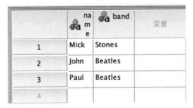

(a) band_instruments　　　(b) band_members

图 3.47　两个数据集

两个数据集。

点击"数据"→"合并文件"→"添加变量",之后出现一个新的窗口,如图 3.48 所示。

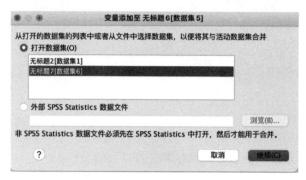

图 3.48　添加变量

然后选择所需数据集(数据集 6,读者在操作的时候,可能有所差异),点击"继续",结果如图 3.49 所示。

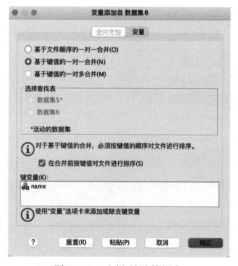

图 3.49　选择所需数据集

需要注意的是,这里有三种合并数据的方式:
- 基于文件顺序的一对一合并;
- 基于键值的一对一合并;
- 基于键值的一对多合并。

在一对多合并中,一个文件被指定为表格文件,该文件中的案例可以匹配案例文件中的多个案例。关键变量的值必须在表文件中定义唯一案例。

而基于文件顺序的一对一选项根据顺序组合文件。即第一个数据集中的第一条记录与第二个数据集中的第一条记录连接，依此类推。当数据集的记录用完时，不会生成更多的输出记录。如果文件中缺少案例或文件的排序方式不同，则这种方法可能存在风险。

这里使用"基于键值的一对一合并"，然后点击"确定"。点击确定之后，结果如图3.50所示。

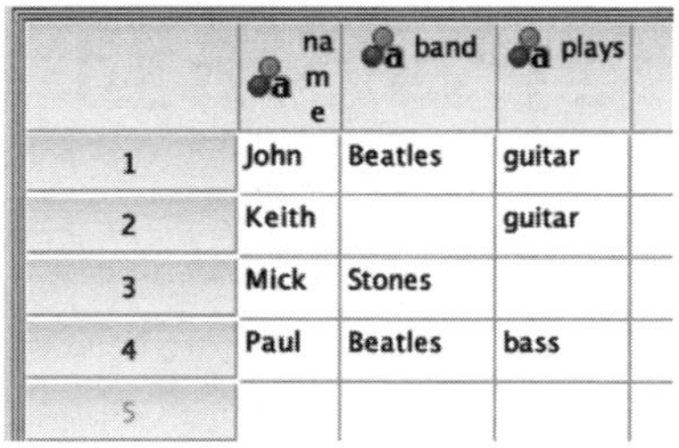

从结果中可以看到，数据集完成了合并，但是存在一些缺失值，例如Keith对应的band为空，这是因为原数据集中并没有Keith的band数据。

注意：两个文件中的键变量名称和数据类型必须相同。而对于非键变量，这两个文件中的变量名称不能相同。

	name	band	plays
1	John	Beatles	guitar
2	Keith		guitar
3	Mick	Stones	
4	Paul	Beatles	bass
5			

图3.50 合并数据集结果

第4章
SPSS绘图

在 SPSS 中，可以用条形图、折线图、面积图、饼图、散点图、直方图、箱线图等形式来进行数据的可视化。这些基本图形每一种都可以有多种外观，例如，条形图可以具有二维或三维外观，可以用不同颜色表示数据，或者包含简单的线条等。

SPSS 数据窗口中的图形菜单（图 4.1）有多个选项：

图 4.1 图形菜单

这些选项是完成绘图工作的不同方式。其中，图形画板模板选择器和图表构建器以不同的方式创建图表。在图形画板模板选择器中，需首先选择要显示的变量；而图表构建器则需首先选择图表类型，然后指定要使用的变量；旧对话框中则为常用的图形。

4.1 使用图表构建器绘图

图表构建器以图形的形式来引导构建图形的步骤。在 SPSS 中通过点击"图形"→"图表构建器"来打开绘图界面，如图 4.2 所示。

从图 4.2 中可以看到，图表构建器有 7 个子选项卡，分别是：图库、基本元素、组/点、标题/脚注、元素属性、图表外观以及选项。通过这些选项卡可以完成对图形的构建以及细节调整。

我们来看一个示例，通过该示例，读者可以了解到绘制图形的基本步骤。另外，生成图形显示不会影响原始数据。

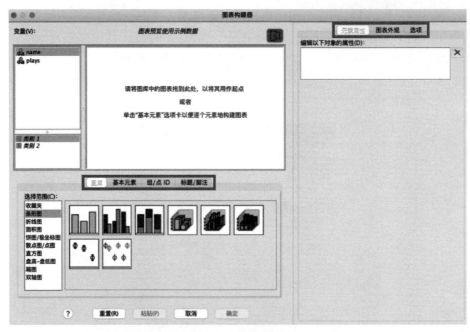

图 4.2 图表构建器

在这个示例中,我们使用 bankloan 数据集。打开数据集之后,通过点击"图形"→"图表构建器"来打开绘图界面后,选择"散点图",并双击第一个图形样式(或将其拖拽到图表的预览窗口),如图 4.3 所示。

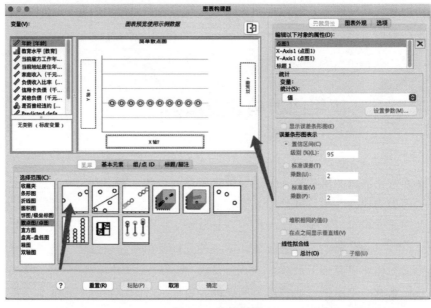

图 4.3 选择图形

下一步，我们需要将变量拖拽到 X 轴和 Y 轴。例如，将"家庭收入"设置为"X 轴"，"信用卡负债"设置为"Y 轴"，设置的方式是将变量拖拽到图表预览窗口的对应位置，如图 4.4 所示。

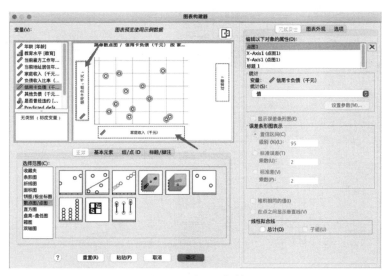

图 4.4 设置坐标轴

需要注意的是，预览窗口中的图形显示不会代表实际数据，即使在插入变量名称之后也是如此。此预览窗口仅是将要生成的图表组成和外观的示意。

我们还可以设置过滤器，将"是否曾经违约"拖拽到"过滤器"中，如图 4.5 所示。

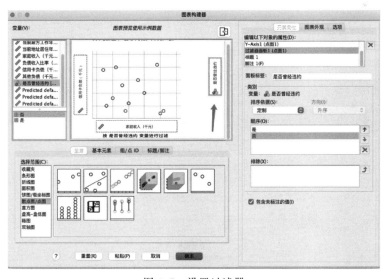

图 4.5 设置过滤器

在右边的"元素属性"选项卡中，可以对图形进行设置。例如设置了过滤器，只对违约人群的数据进行可视化，此时将违约为"否"的数据排除掉。鼠标点击"否"，然后点击"叉号"，结果如图 4.6 所示。这样绘制的图形将只包含违约人群的数据。

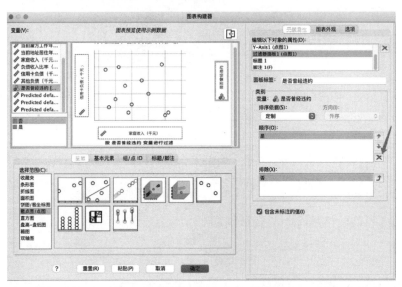

图 4.6　排除违约为"否"的数据

在"元素属性"选项卡中还可以对图形的各种元素进行修改，例如修改标题、坐标轴刻度、变量的统计方式等。

暂时将其他设置保持默认，先点击"确定"完成图形绘制。绘图结果如图 4.7 所示。

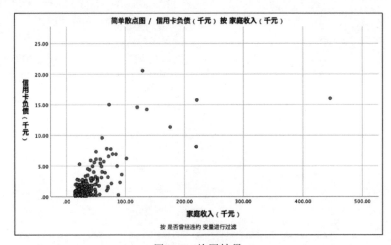

图 4.7　绘图结果

以上步骤演示了生成图表最简单的方法。这里省略了很多细化的选项，但实践中，大部分情况下，其他选项保持默认即可。以下部分描述图表生成器中可用的附加选项卡。

4.1.1 基本元素

上述示例使用"图库"选项卡来选择图表的类型和外观。除此之外，还可以单击图表构建器对话框中的"基本元素"选项卡，然后选择要包含在图表中的"轴"和"元素"，如图 4.8 所示。

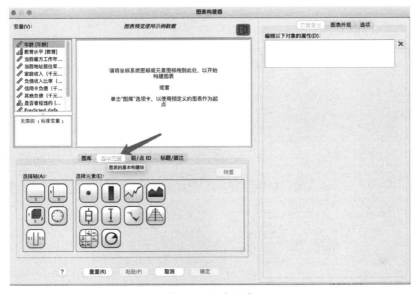

图 4.8　基本元素

在"基本元素"选项卡中，"轴"和"元素"各只能选择一个，由此来构建想要的图表。后续的绘图方法与使用"图库"选项卡相同。

4.1.2 组/点 ID

如图 4.9 所示，图表构建器对话框中的"组/点 ID"选项卡提供了一组选项，可将更多变量添加到图表中。对应不同的图形，可以添加的元素是不一样的。

"分组/堆积变量"对应着"设置颜色"，勾选该选项可以让我们对图形进行分组。例如，可使用不同颜色的点来区分是否曾经违约，只需将"是否违约"拖拽到"设置颜色"即可，如图 4.10 所示。

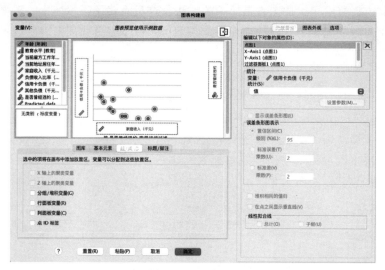

图 4.9 组/点 ID

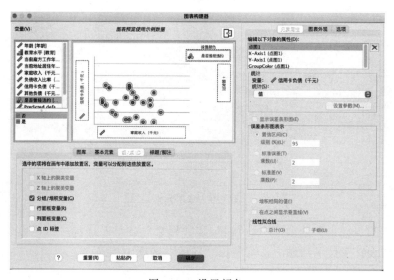

图 4.10 设置颜色

然后点击"确定",即可完成绘图,绘图结果如图 4.11 所示。可以看到,违约人群和非违约人群的数据点通过不同颜色表示。

"行面板变量"与"列面板变量"选项则允许选择额外的变量(如教育水平),以同时输出按该变量分组的多个图。

"点/ID 标签"则可用于显示各数据点的某个变量。

这些绘图选项的设置方式也是类似,读者可以自行尝试添加,以加深对绘图的理解。

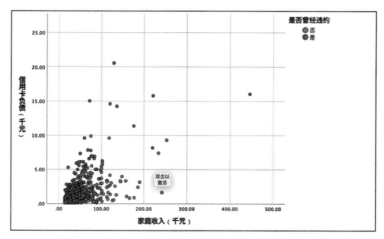

图 4.11　绘图结果

4.1.3　标题/脚注

单击图表生成器对话框中的"标题/脚注"选项卡时，会出现一些选项，如图 4.12 所示。

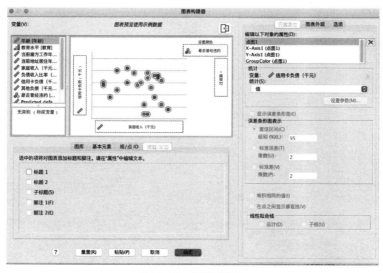

图 4.12　标题/脚注

这些选项对应着图表中的标题与脚注等的设置。当选择一个选项时，右侧会跳转至对应的"元素属性"选项卡，从而可以自定义标题或脚注等的文本。例如勾选"脚注 1"，如图 4.13 所示，在定制框内输入所需文本即可。

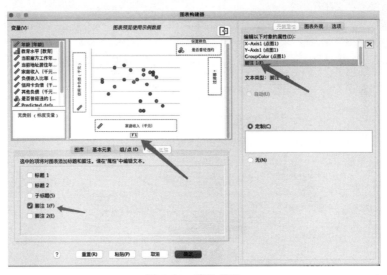

图 4.13　脚注设置

4.1.4　元素属性

在进行图表设计时，可随时使用"元素属性"选项卡来设置图表中各个元素的属性。

需要注意的是，不同的元素可修改的内容是不一样的，例如对于"脚注"，可以修改的内容是文本，而对于"X 轴"，可修改的内容则包括"轴标签""标度范围"和"标度类型"，如图 4.14 所示。

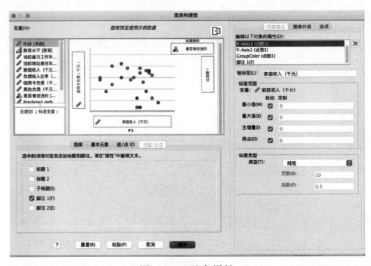

图 4.14　元素属性

修改元素属性的过程其实非常简单，当你想要修改什么元素，在元素属性中点击对应的元素，然后进行修改即可。

4.1.5 图表外观

对于图表中使用的"颜色"以及"框架""网格线"等外观，可通过图表构建器中的"图表外观"选项卡进行调整，如图4.15所示。

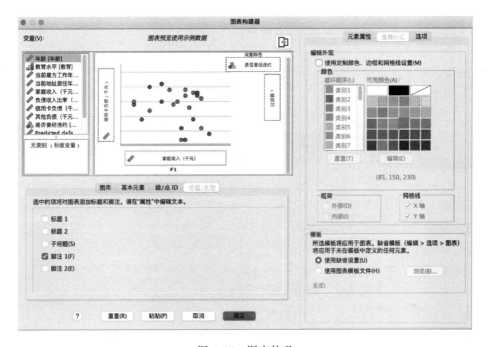

图4.15　图表外观

颜色部分用于控制图表中的颜色及其顺序，选择对应数据即可直接调整颜色。框架和网格线主要用于控制边框和图中的网格线。模板则是一些预设的样式。

此类设置相对简单直观，读者可以自行尝试以构建所需的图表样式。

4.1.6 选项

在"选项"选项卡中，可以指定如何处理缺失的数据。如果用于在图表中定义类别或子组的变量有缺失值，则决定是在图表中包含还是排除所缺失的类别。其他功能的描述相对直观，此处不再赘述。

4.2 使用图形画板模板选择器绘图

通过选择"图形"→"图形画板模板选择器"来构建图表与使用其他菜单选项构建图表的过程是相似的。但使用图形画板模板选择器进行绘图的过程中，获得的绘图引导较少。

我们看一个简单的例子，在这个例子中使用的依然是 SPSS 自带的 bankloan 数据集。准备好数据之后，点击"绘图→图形画板模板选择器"，会出现绘图窗口，如图 4.16 所示。

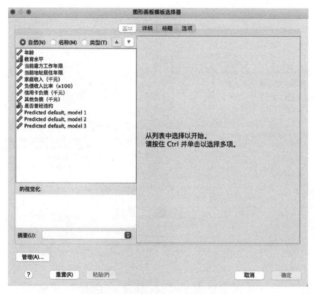

图 4.16　图形画板模板选择器

接下来需要选择变量，通过"Ctrl（或 command 按键）＋鼠标左键"选择多个变量，如家庭收入、信用卡负债、其他负债。选择了变量之后，则会出现可选的图形，结果如图 4.17 所示。

在右边出现的可选图形中，我们选择"散点图矩阵"，然后点击"确定"，即可完成绘图，绘图结构如图 4.18 所示。

图形画板模板选择器窗口中还有其他 3 个选项卡，通过这些选项卡可以对图形的细节进行调整。

- "详细"选项卡：可以对图形的可视化类型、样式等进行设置。

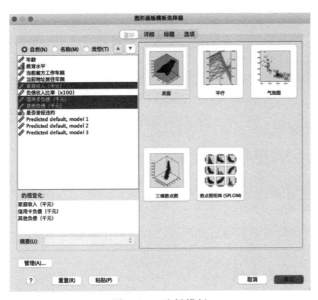

图 4.17 选择模板

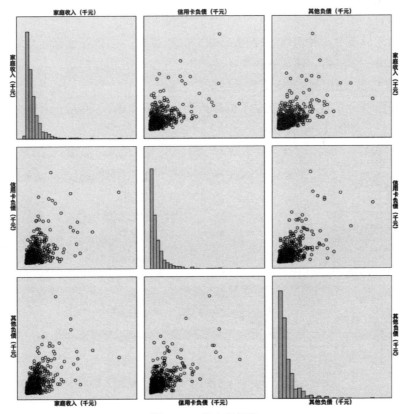

图 4.18 散点图矩阵

- "标题"选项卡：可以对图形标题、注脚等信息进行修改。默认情况下，不会设置标题，如需要自定义标题，首先需要勾选"使用定制标题"，然后设置标题、副标题和脚注文本。
- "选项"选项卡：可以对输出标签、缺失值等信息进行设置。

4.3 常见图形绘制

接下来介绍如何绘制各类统计图形，读者将了解创建不同图形的简单步骤。

4.3.1 散点图与折线图

散点图毫无疑问是所有统计图形中最常用的图形之一，它使我们能够快速理解数据中的关系。

在这个例子中，我们继续使用 bankloan 数据集。准备好数据之后，要构建散点图，第一步点击"图形→图表构建器"。点击图表构建器之后，选择"散点图"。将鼠标放到预设图形上会显示图形的名称。

我们选择第二幅图，也就是"包含拟合线的散点图"，然后将其拖拽到图形的预览窗口，如图 4.19 所示。

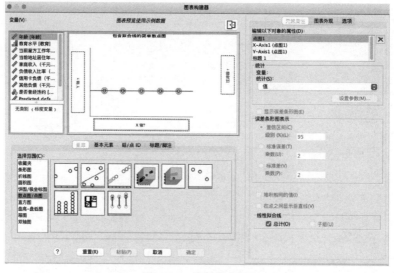

图 4.19 绘制散点图

拖拽"家庭收入"到"X轴",拖拽"其他负债"到"Y轴",如图4.20所示。需要注意的是,通常X轴和Y轴需要设置为数值变量(数字变量)。

然后点击"确定",绘图结果如图4.21所示。

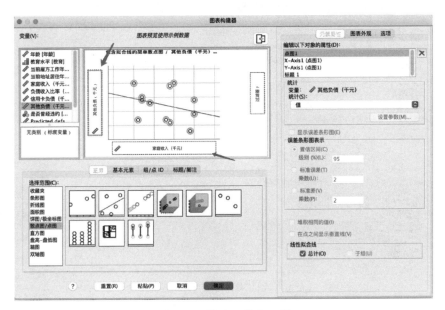

图 4.20　设置 X 轴和 Y 轴

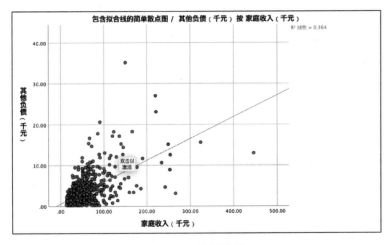

图 4.21　绘图结果

从图中可以观察到,似乎家庭收入和其他负债存在正相关关系。

折线图和散点图类似,都可以呈现出两个变量之间的关系。若需在同一幅图中观察多组数据的折线图,可以多重折线图实现。选择"折线图",然后将"多重折线图"拖拽到预览窗口,接下来将"家庭收入"拖拽到"X 轴",将"其他负债"拖拽到"Y 轴",将"是否曾经违约"拖拽到"设置颜色",如图 4.22 所示。

然后点击"确定",即可完成图形绘制,绘图结果如图 4.23 所示。

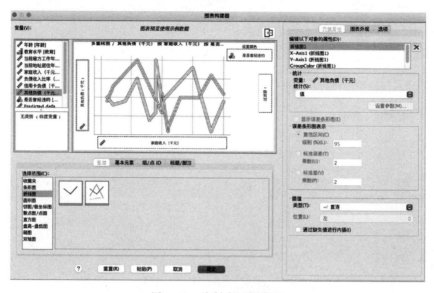

图 4.22　绘制多重折线图

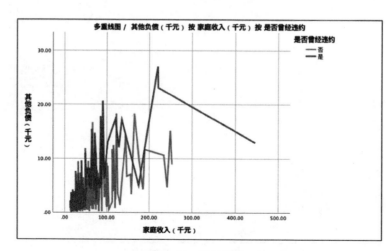

图 4.23　绘图结果

从图中可以观察出,就整体而言,违约人群相比于未违约人群,其他负债更高,家庭收入更少。

绘制多组的散点图与绘制多组的折线图类似,读者可以自行尝试绘制。

4.3.2 点图

点图常用于显示某一个值出现的次数。在这个例子中，我们选择"点图"作为想要的图表类型，然后选择一个变量（年龄）作为 X 轴，其他保持默认，如图 4.24 所示。

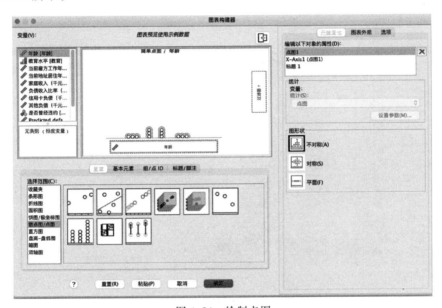

图 4.24 绘制点图

需要注意的是，对于点图，X 轴通常需要设置为整数变量（例如年龄）。然后点击"确定"，即可完成绘图，绘图结果如图 4.25 所示。

图 4.25 显示出了该数据集中不同年龄人群的数量多少。从图中可以观察到，似乎 29 岁的人最多。

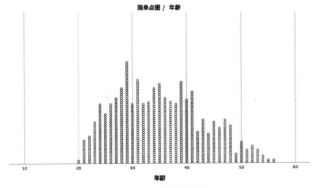

图 4.25 绘图结果

4.3.3 条形图

条形图常用于相对大小的比较，也是常用的统计图表。

这里选择"条形图"，然后将"简单的条形图"拖拽到预览窗口，将"是否曾经违约"设置为"X 轴"，如图 4.26 所示。需注意，在绘制条形图的时候，X 轴需要设置为一个分类变量。

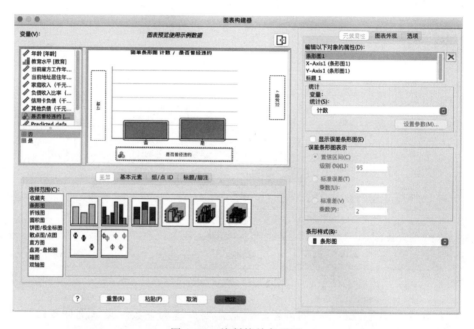

图 4.26 绘制简单条形图

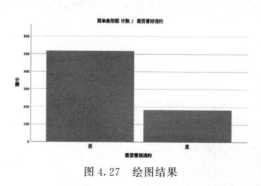

图 4.27 绘图结果

点击"确定"，则会出现如图 4.27 所示的绘图结果。

从图 4.27 中可以看见，该数据集中违约人群约为非违约人群的 1/3。

默认情况下，条形图会对 X 轴对应的变量进行计数，条形图的高度即计数的大小。除此之外，构建条形图的时候可以设置数据的其他的统计方式，例如我们想分析违约人群和非违约人群的收入平均值，则可将"家庭收入"拖拽到 Y 轴，并且点击"元素属性"选项卡中的条形图 1，设置统计方式为平均值，如图 4.28 所示。

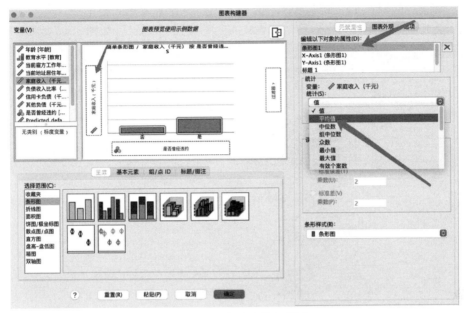

图 4.28　绘制平均值条形图

设置好之后，点击"确定"，绘图结果如图 4.29 所示。

从图 4.29 中可以观察到，非违约人群的家庭平均收入要高于违约人群。

4.3.4　直方图

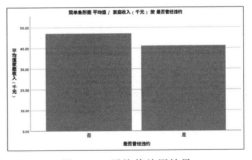

图 4.29　平均值绘图结果

直方图通常用于分析数据的分布，可以使用直方图查看变量值频率分布的图形表示。直方图通过一个数字变量进行绘制，它将变量切割成若干个箱（bin），每个箱的高度用以表示数据量。在绘制直方图的时候，有几点需要注意：

- 多尝试设置几个箱大小。
- 不要使用奇怪的颜色。
- 使用不相等的箱宽。
- 不要把它与条形图混淆。条形图为每个分类变量组提供一个值。在这里，我们只有一个数字变量，用以查看它的分布。
- 不要在同一直方图中比较超过 3 组。否则，图形会变得混乱，难以理解。

如果有多组，则使用小提琴图、箱线图、山脊线图或使用分面。

例如，我们想要绘制家庭收入的直方图。选择直方图，然后将"简单直方图"拖拽到预览窗口，然后将"家庭收入"拖拽到"X 轴"，如图 4.30 所示。

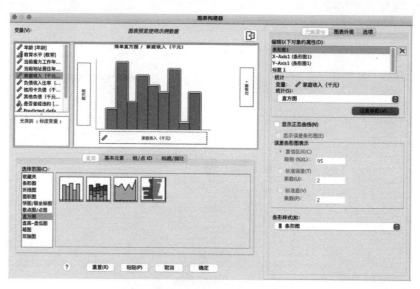

图 4.30　绘制直方图

然后点击"确定"，绘图结果如图 4.31 所示。

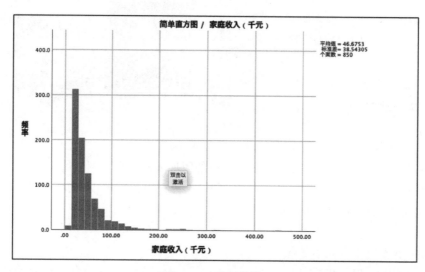

图 4.31　绘图结果

从图 4.31 中可以看到，家庭收入主要集中在第 2~3 个分箱中，但是也有极少一部分人家庭收入非常高。进一步，我们可能想要分析违约人群和非违约人群的家庭收入的分布是不是一致的，我们可以使用总体锥形图。我们重置图表构建器，然后将"总体锥形图"（第 4 个）拖拽到预览窗口，将"家庭收入"拖拽到"分布变量"，然后将"是否曾经违约"拖拽到"拆分变量"，如图 4.32 所示。

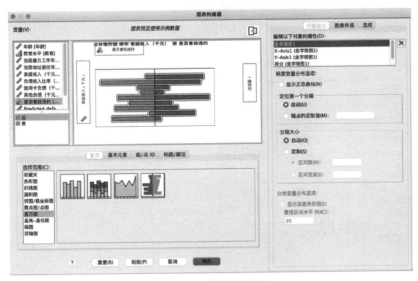

图 4.32　总体锥形图

最后，点击"确定"，绘图结果如图 4.33 所示。

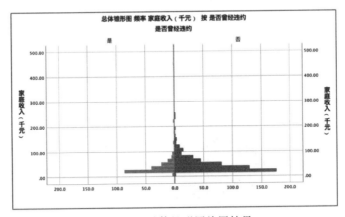

图 4.33　总体锥形图绘图结果

从结果中可以看到，收入在 100 千元以上的人群违约的现象更少。

4.3.5　面积图

面积图通常表示一个或多个量随着时间推移的变化，它类似于折线图，不同之处在于面积图 X 轴和直线之间的区域用颜色或阴影填充。

创建面积图的过程非常简单，点击"面积图"，将"简单面积图"拖拽到预览窗口。我们可以将分类变量拖拽到 X 轴，也可以将数值变量拖拽到 X 轴。在这里我们将"教育水平"拖拽到"X 轴"，如图 4.34 所示。

最后点击"确定"，即可完成图形绘制，绘图结果如图 4.35 所示。

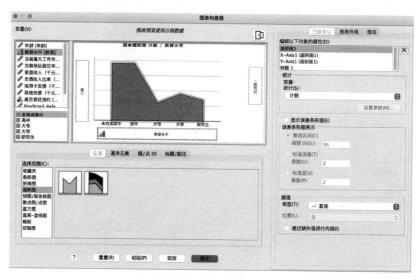

图 4.34　面积图

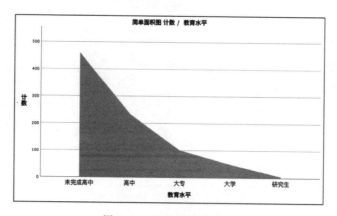

图 4.35　面积图绘图结果

从面积图中可以观察到，未完成高中学业的人最多，研究生人群数量最少。

如果想要知道违约人群和非违约人群的教育水平，可以使用堆叠面积图。点击"面积图"，将"堆叠面积图"拖拽到预览窗口。接着，将"教育水平"拖拽到"X 轴"，然后"是否曾经违约"拖拽到"设置颜色"，如图 4.36 所示。

点击"确定",则完成绘图,绘图结果如图4.37所示。

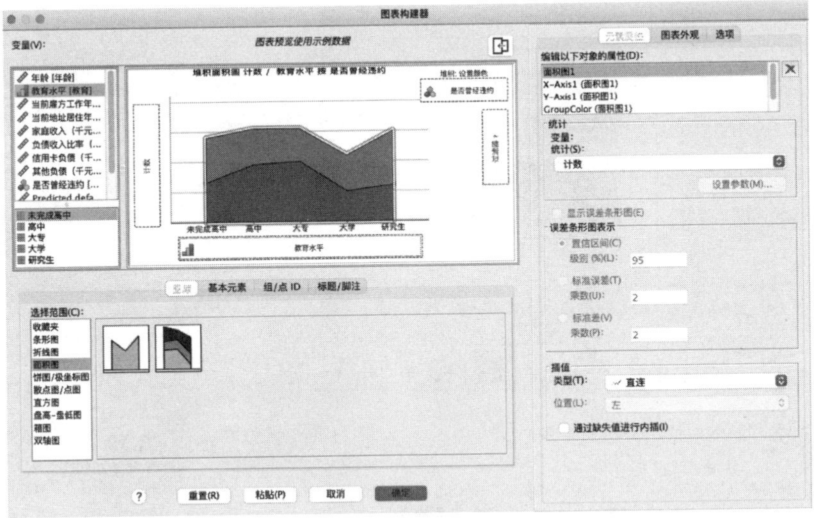

图4.36 堆叠面积图

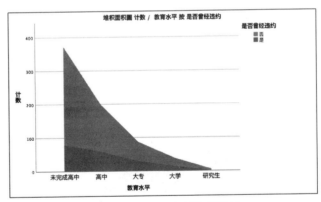

图4.37 堆叠面积图绘图结果

4.3.6 堆积条形图

堆积条形图是将多个数据集的条形彼此重叠显示,适合用来显示小类别与大类别的关系。

绘制堆积条形图,首先点击"条形图",将"堆积条形图"拖拽到预览窗口。接着,将"是否曾经违约"拖拽到"X轴",将"教育水平"拖拽到"设置颜色"。另外,将"元素属性"中的"统计"设置为"百分比",如图4.38所示。

接着点击"确定",完成绘图,绘图结果如图 4.39 所示。

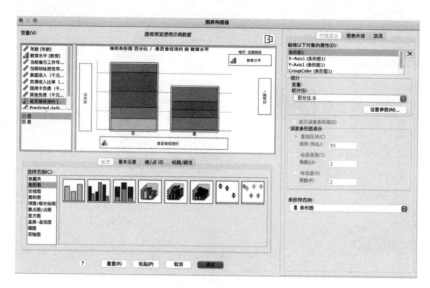

图 4.38　堆积条形图

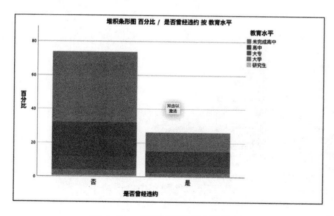

图 4.39　堆积条形图绘图结果

堆积条形图还有另外一种呈现方式——群集条形图。点击"条形图",将"群集条形图"拖拽到预览窗口。将"是否曾经违约"拖拽到"X 轴",将"教育水平"拖拽到"设置颜色"。另外,将"元素属性"中的"统计"设置为"百分比",如图 4.40 所示。

然后点击"确定",完成绘图,绘图结果如图 4.41 所示。

本质上,图 4.39 和图 4.41 所表达的信息是一致的,但是图 4.41 相对更加直观。

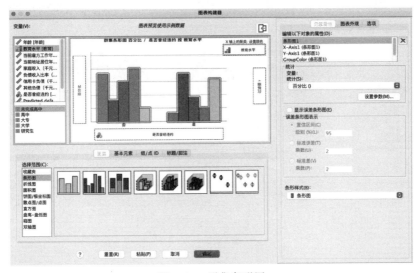

图 4.40　群集条形图

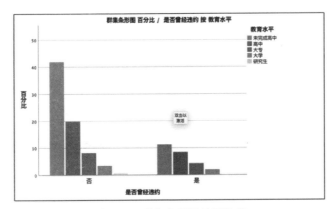

图 4.41　群集条形图绘图结果

4.3.7　饼图

饼图是一个分为扇区的圆圈，每个扇区代表整体的一部分，它通常用于显示百分比，扇区的总和等于 100%。

在以下步骤中，我们将构建一个饼图。点击"饼图"，并将"饼图"拖拽到预览窗口。将"教育水平"拖拽到"分区依据"，如图 4.42 所示。

然后点击"确定"，即可完成图形绘图，绘图结果如图 4.43 所示。

在实践中，饼图的表现效果并不好，因为人们很难直观地判断饼图扇区的大小，因此需要谨慎使用（通常建议尽可能地使用其他图形来替代饼图，例如使用条形图）。例如图 4.44 所示，对于同样的数据，有些信息很难从饼图中观察到，但条形图却能直观地体现。

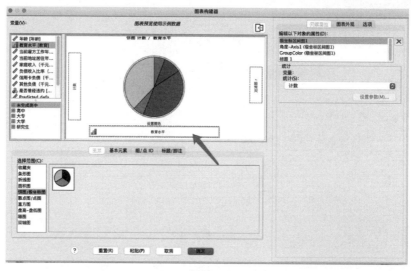

图 4.42　绘制饼图

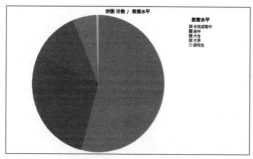

图 4.43　饼图绘图结果

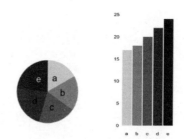

图 4.44　饼图与条形图对比

　　本章介绍了许多图形的绘制，读者可以参照本章的示例使用自己的数据绘制图形。另外，还有很多图形没有介绍，但事实上这些图形的绘制过程都是类似的，相信读者必能举一反三。

第5章
SPSS图表优化

在第 4 章中，我们初步学习了如何使用 SPSS 对数据进行可视化，包括图表构建器或图形画板模板选择器的使用方法。本章将进一步说明如何编辑图表以更好地表示图表中的信息。

5.1 修改图表

图表或图形上的坐标轴，为我们提供了有关变量刻度的信息。通常情况下，不需要设置坐标轴，SPSS 会自动根据数据创建坐标轴的刻度、标签等。但是有时候为了让图形等更加直观，需要对坐标轴的某些细节进行自定义设置。本节将介绍如何编辑坐标轴以更好地呈现图表中的信息。

首先绘制一幅散点图，然后修改这一幅图的坐标轴。本例使用 Employee data 数据集（见配书资源）。点击"绘图"→"图表构建器"打开图表构建器，创建一幅散点图，相关设置如图 5.1 所示。

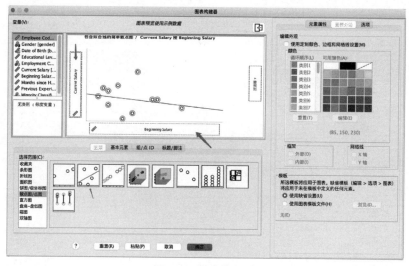

图 5.1 创建散点图

点击"确定"，图形的输出结果如图 5.2 所示。

进一步对图形细节进行调整，鼠标双击图形会打开一个图表编辑器窗口，如图 5.3 所示。

因为要修改坐标轴，这里我们首先点击菜单中的"X"按钮（或点击"编辑"→"选择 X 轴"），将出现如图 5.4 所示的属性窗口。

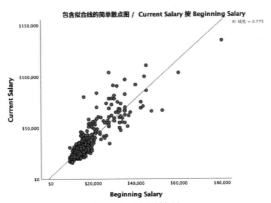

图 5.2　绘图结果

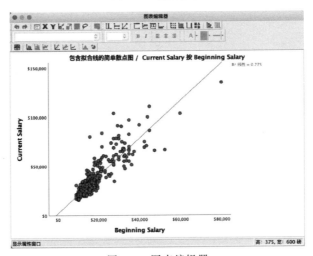

图 5.3　图表编辑器

图 5.4　属性窗口

在这里就可以对 X 轴进行修改了。可个性化的调整选项包括图表大小、刻度、线、标签等。例如将"最小值"设置为 10000。然后点击"应用",即可完成调整。调整后的图形如图 5.5 所示。

从图 5.5 可以看到,坐标轴的最小值变成了 10000。除此之外,还可以在图形中点击右键菜单对图形进行调整,如图 5.6 所示。

例如我们想要添加注释,可点击"添加注释",结果如图 5.7 所示。

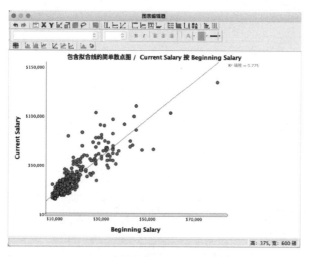

图 5.5 调整 X 轴后的效果

图 5.6 右键调整菜单

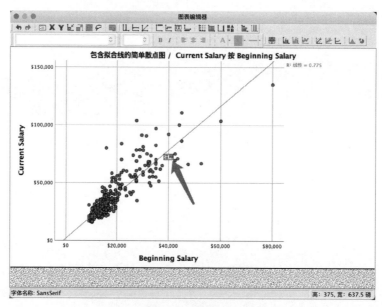

图 5.7 添加注释

此外，通过菜单选项或左键点击或双击图表中的不同元素，我们便可进行更为个性化的调整。如点击"删除"，即可删除对应元素。图形中的其他元素也可以通过这样的方式进行删除，例如删除标题。

图表中可以调整或者添加的元素还有很多，这类内容在这里就不一一介绍了，读者可以根据自己的需求尝试调整。

5.2 修改表格

SPSS 生成的表格通常都包含大量的数据，清晰、简洁的表格外观，可帮助受众更直观地理解其中的关键信息。

表格外观包括布局、字体、边距、样式等内容，尽管可以在创建表格后更改其格式，但更改默认的表格外观通常更有效，尤其是在输出多个应该具有相同样式的表格时。

默认情况下，SPSS 使用系统默认的表外观，还可以从几个预定义的表外观中选择一种或创建自定义的表外观。

在本节中，将对一个表格应用各种表格外观和编辑。目标是专注于编辑，而不是创建表格。

在这个例子中，我们使用 Employee Data 数据集（见配书资源）。准备好数据之后，点击"分析"→"描述统计"→"交叉表"。在交叉表窗口中将"Gender"设置为行，将"Educational Level"设置为列，如图 5.8 所示。

接着点击"单元格"，勾选百分比中的"行，列，总计"，如图 5.9 所示。

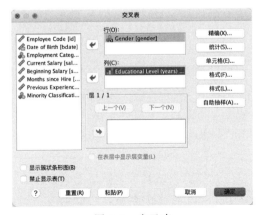

图 5.8　交叉表

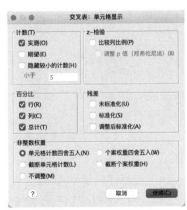

图 5.9　交叉表过程

点击"继续"→"确定"。接着在生成的结果中右键点击交叉表并选择"编辑内容"→"在单独窗口中",如图 5.10 所示。

点击了在单独窗口中之后,会进入编辑模式。在处理数据透视表(例如此交叉表)时,也可以通过双击表中的任意位置进入编辑模式,如图 5.11 所示。

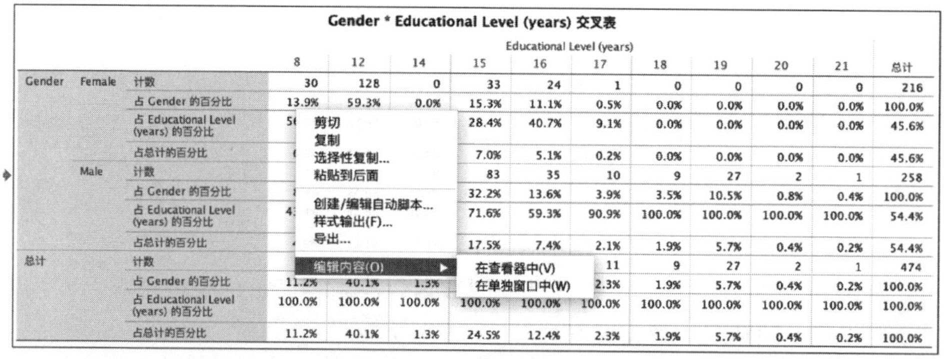

图 5.10 交叉表结果

图 5.11 编辑模式

菜单中有很多的选项,通过这些选项可以对表格进行设置。这里需要调整表格的外观,点击菜单栏的"格式"→"表外观",将会出现一个新的窗口,如图 5.12 所示。

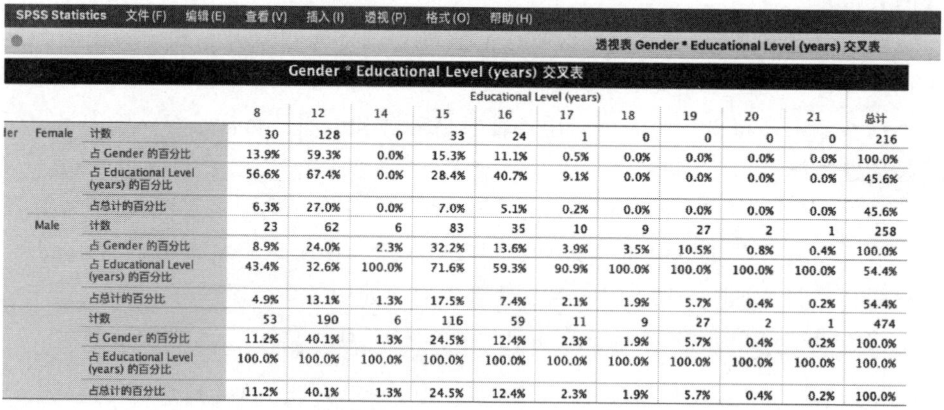

这里可以选择"表外观文件",不同的表外观文件(类似于模板)会让表格呈现出不同的样式。我们选择"Cobalt",如图 5.13 所示。

这里提供了非常多的表外观文件,读者可以多尝试几种,然后选择偏好的外观。如果我们想在模板的基础上对各个细节进行个性化的调整,可以点击"编辑外观",如图 5.14 所示。

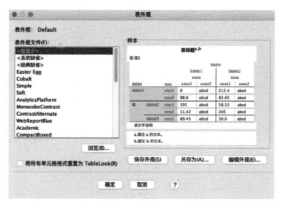

图 5.12　表外观

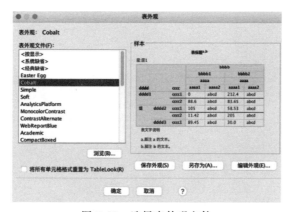

图 5.13　选择表外观文件

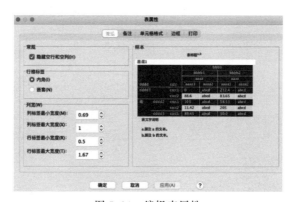

图 5.14　编辑表属性

在表属性窗口我们可以对表的各个细节进行调整。调整好之后，点击确定即可将表格样式应用到所选表格。另外，我们还可以将自定义的表外观保存下来，并进一步应用到其他表格上面。

第6章
描述性统计

描述性统计（descriptive statistics）是数据分析的第一步，它通过简单的统计指标和可视化方法，帮助我们快速把握数据的特征和分布情况。描述性统计不仅为后续的推断性统计提供了基础，还能帮助我们发现数据中的异常和潜在问题。

本章将介绍使用 SPSS 进行描述性统计的一些方法，包括"频率""描述"和"探索"等功能。

6.1 测量水平

变量的测量水平是用来描述变量属性和特征的一个重要概念，它决定了可以对变量进行哪些类型的统计分析。

在 SPSS 中，测量水平是指编码方案或与每个变量相关的数字的含义。许多统计技术仅适用于特定测量水平组合的数据。不同的统计量适用于不同类型的变量，统计汇总取决于量度的水平。

以下是几种常见的变量测量水平：

① 名义变量：对于名义数据，每个值代表一个类别，但类别没有内在顺序。例如，眼睛的颜色可能编码为 0（蓝色）、1（棕色）、2（黑色）和 3（绿色），但这些值仅说明有不同的类别，而不是一个类别更多或更少，或比另一个更好或更差。

② 序数变量：对于序数数据，每个值都是一个类别，类别具有有意义的顺序或排名，但类别之间没有可测量的距离。例如教育程度（小学、初中、高中、大学本科、研究生及以上）。

③ 区间变量：区间数据具有序数变量的所有属性，此外，其数值变化的单位是固定的，无论它发生在尺度上的什么位置。例如，对于以摄氏度为单位测量的温度等变量，20 摄氏度和 21 摄氏度（1 个单位）之间的差异等于 50 摄氏度和 51 摄氏度之间的差异。换句话说，这些变量在尺度上的点之间具有相等的间隔。

④ 比率变量：比率数据具有区间变量的所有属性，并添加了一个真零点，表示不存在被测量的属性。例如，以摄氏度为单位测量的温度是在区间尺度上测量的，0 摄氏度并不代表没有温度。但是，诸如购买次数之类的变量则是比率变量，因为其零值表示没有购买，非零值则可以计算比率（例如，8 次购买是 4 次购买的两倍）。

这四种测量水平通常又可分为两种类型：

- 分类：不同值表示名义和序数测量水平。
- 连续（或标度）：不同值表示区间和比率测量水平。

SPSS 使用三个测量水平：名义变量、序数变量和尺度（scale）变量。尺度变量包含区间变量或比率变量，也就是说，SPSS 不区分区间变量和比率变量。

6.2 汇总统计

面对大量数据，人们很难从数据中直接获取信息。一个很常用的做法是对这些数据进行汇总，以得到一个统计值，这个统计值描述了关于数据的某些信息。汇总变量最常见的方法是使用集中趋势和变异性度量。

① 集中趋势：通常用于总结变量分布的一个数字。通常，我们认为集中趋势是指平均值。集中趋势的三个主要度量如下。

- 众数：包含最多案例的类别或值（最常见的值）。该度量通常用于名义或有序数据，并且可以通过检查频率表轻松确定。
- 均值：分布中所有值的数学平均值。平均值是统计检验中最常见的集中趋势度量。
- 中位数：位于中间位置的数值。在收入分布分析中，由于收入数据通常存在极端值（如极少数人的收入非常高），使用中位数来描述收入的集中趋势比均值更合适。
- 5% 修剪均值（5% trimmed mean）：去除了数据中最大 5% 和最小 5% 之后所有值的数学平均值。因此，5% 的修剪均值是在分布的中间 90% 上计算的。5% 的修剪平均值对于具有异常值的连续数据最有用。

② 变异性：描述数据的离散程度，有几种可变异性度量可用。

- 最大值：变量的最大值。
- 最小值：变量的最小值。
- 范围：最大值和最小值之间的差值。它提供了广义的分布，但它会受到异常值的影响。
- 四分位距：第 75 个和第 25 个百分位值之间的差异。它是样本中间 50% 的范围，不受异常值的影响。
- 方差：表示数据集中各数据点与均值之间差异的平方的平均值。方差可以反映数据的波动程度，即数据点围绕均值的分布情况。
- 标准差：标准差是方差的平方根，它们在本质上是相同的，只是标准差更易于解释和理解，因为它与原始数据具有相同的单位。

表 6.1 总结了 SPSS 使用的每个测量级别最常见的汇总统计数据和图表。

表 6.1 测量水平

测量水平	名义	序数	尺度
定义	无序类别变量	有序类别变量	数值变量
例子	性别	教育程度	收入或温度
集中趋势	众数、计数、比例	众数、计数、比例、中位数	众数、中位数、平均值
离散程度	无	最大值、最小值、范围	最大值、最小值、范围、标准差、方差
图表	条形图	条形图	直方图、箱线图

6.3　分类变量的频率

描述分类数据（名义和有序）最常用的技术是频率表，该表提供了一个摘要，显示了属于变量的每个类别的案例的数量和占比情况。用户还可以获取其他汇总统计信息，例如众数或中位数等。

以下是用于生成频率表的方法。该表将允许获取分类变量的汇总统计信息。在这个例子中，依然使用 SPSS 自带的 bankloan 数据集。

本例构建对于教育水平的频率表。创建频率表，需要点击"分析"→"描述统计"→"频率"（图 6.1）。

打开频率窗口之后，双击"教育水平"将其选为"变量"，如图 6.2 所示。

图 6.1　频率过程

图 6.2　频率

接着，点击"确定"，即可完成频率表的构建，结果如图 6.3 所示。频率表中显示出了不同教育水平的人数和占比等情况。

在频率窗口中（图 6.2），我们还可以点击"统计"按钮，以获得其他的统计量。对于不同测量水平的变量，可选的统计量也不一样，例如计算教育水平的平均值是无意义的。对于教育水平这一有序变量，我们可以选择"众数"，以分析出哪个分类出现的频率最高。如图 6.4 所示。

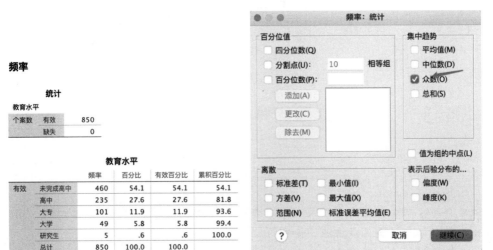

图 6.3　频率表　　　　　　　　　图 6.4　选择众数

接着点击"继续"→"确定"。结果如图 6.5 所示，众数为 1，表示教育水平中"未完成高中"的个案数量最多。

另外，还可以在创建频率表的过程中对数据进行可视化，点击"图表"，如图 6.6 所示。

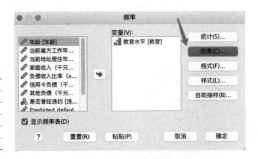

图 6.5　分析结果　　　　　　　　　图 6.6　频率图表

接着我们选择合适的图表，这里选择"条形图"，如图 6.7 所示。

接着，点击"继续"→"确定"，即可完成分析，结果如图 6.8 所示。

图 6.7　图表类型

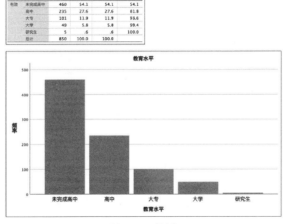

图 6.8　结果

事实上，使用这种方法构建图形和使用图表构建器绘制图形是一样的，只不过这种方式更简洁一些。

6.4　变量的分布

如上文所述，频率表显示计数和百分比，这在处理分类变量时非常有用。但是，对于可以有许多值的连续变量，频率表变得不那么直观了。例如，如果对于诸如收入之类的变量，因为很多人的收入都可能不一样。

不过，对于收入数据这类连续变量，我们依然可以使用频率过程来体现其分布情况。首先点击"分析"→"描述统计"→"频率"，接着取消勾选"显示频率表"，并且将"家庭收入"作为变量并进行分析，如图 6.9 所示。

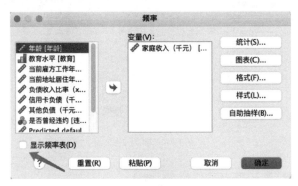

图 6.9　取消频率表显示

取消勾选频率表后，最终结果不会显示频率表。下一步，点击"统计"，勾选需要的统计量，如图 6.10 所示。

然后点击"继续"→"确定"，完成分析，结果如图 6.11 所示。

图 6.10　选择统计量　　　　　　图 6.11　统计结果

从结果中可以看到，我们得到了关于家庭收入的许多统计量，如平均值、中位数等。这些统计量可以帮助我们对数据集形成一个大体的认识。

此外，我们还可以直接绘制关于家庭收入的直方图，点击"图表"，勾选"直方图"以及"在直方图中显示正态曲线"，确定后绘图结果如图 6.12 所示。这与图表构建器绘制的效果是类似的。可见，家庭收入的分布主要集中在 0～100 千元。直方图中的每个条形的高度是落在该区间内的值的计数。

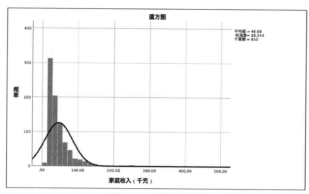

图 6.12　绘图结果

6.5　描述过程

当我们希望总结数值变量时，描述过程可提供各种统计数据的简明摘要以及表中包含的每个变量的有效值的案例数量。

点击"分析"→"描述统计"→"描述"，将出现描述窗口，双击"家庭收入""信用卡负债"和"其他负债"这三个变量将其作为变量，如图 6.13 所示。

接着，点击"确定"，分析结果如图 6.14 所示。

图 6.13　描述过程

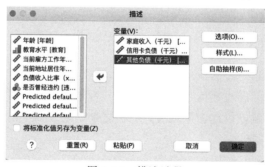

描述统计

	N	最小值	最大值	均值	标准 偏差
家庭收入（千元）	850	13.00	446.00	46.6753	38.54305
信用卡负债（千元）	850	.01	20.56	1.5768	2.12584
其他负债（千元）	850	.05	35.20	3.0788	3.39880
有效个案数（成列）	850				

图 6.14　描述统计表

结果显示出了关于连续变量的一些基本信息。其中最小值和最大值提供了一种有效的方法来检查超出预期范围的值。如果看到值太低或太高，则可能意味着存在数据错误或潜在异常值。

同样，检查平均值并确定该值是否有意义总是很重要的。有时平均值可能低于或高于预期，这可能表明数据的编码或收集方式可能有问题。

检查标准差也很重要。例如，如果标准差为零，则数据集中的每个人都提供了相同的值。例如，如果每个人都喜欢的产品，那么从业务角度来看，此信息可能很有用。然而，从统计学的角度来看，一个不变的变量是没有用的。

最后，表中的最后一行有效案例数是数据中所有变量具有有效值的个案数。

此外，我们同样可以通过点击描述窗口中的"选项"按钮来添加其他的统计量，如图 6.15 所示。

如果有其他需要计算的统计量，勾选即可，然后点击"继续"→"确定"即可完成分析，添加的统计量就会出现在最终的分析结果中。

图 6.15 添加其他统计量

6.6 异常值分析

异常值是数据集中显著偏离其他值的值，它们可能是由于测量错误、数据录入错误、实验设计问题或数据集中的自然变异性造成的。异常值可以对数据的分析结果产生显著影响，因此在进行统计分析之前，通常需要对异常值进行识别和处理。

在 SPSS 中，可以使用探索过程来分析异常值。在这个例子中，我们使用 bankloan 数据集。点击"分析"→"描述统计"→"探索"，将打开探索窗口，我们将"家庭收入""信用卡负债"和"其他负债"这三个连续变量添加到"因变量列表"中，如图 6.16 所示。

接着点击"统计"按钮，勾选"离群值"，如图 6.17 所示。

点击"继续"回到探索窗口，然后点击"图"按钮，取消"茎叶图"选项，选择"直方图"，如图 6.18 所示。

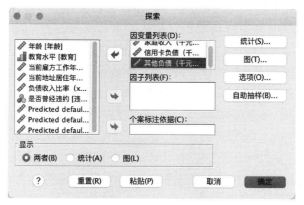

图 6.16 添加因变量

图 6.17 探索过程（1）

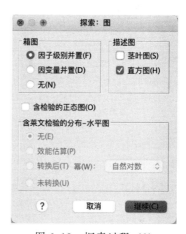

图 6.18 探索过程（2）

点击"继续"，回到探索窗口（如果想要对数据进行分组，此时还可以将分组变量添加到"因子列表"中）。接着点击"确定"。分析生成的结果很多，我们一个一个看，首先查看个案处理摘要，结果如图 6.19 所示。

个案处理摘要

	个案					
	有效		缺失		总计	
	N	百分比	N	百分比	N	百分比
家庭收入（千元）	850	100.0%	0	0.0%	850	100.0%
信用卡负债（千元）	850	100.0%	0	0.0%	850	100.0%
其他负债（千元）	850	100.0%	0	0.0%	850	100.0%

图 6.19 个案处理摘要

个案处理摘要主要显示数据集的有效个案数量以及缺失个案数量。从结果可以看到，数据集中没有缺失值。接着查看描述，结果如图 6.20 所示。

描述表中显示了所选择变量的统计信息，包括平均值、中位数、方差等信息。从结果中我们可以看到，最大值与中位数相差比较大，最大值是 446，而中位数是 35。这似乎意味着数据集中存在某些极端值（需要注意，极端值不代表错误）。

接下来查看极值表，如图 6.21 所示。极值表中显示了数据集的极端值，从结果中我们可以清楚地看到，哪些数据最有可能是极端值。

另外，分析结果除了不同变量的直方图，还有关于结果的箱线图（图 6.22），从箱线图中我们也可以直观地观察到数据集中的极端值。

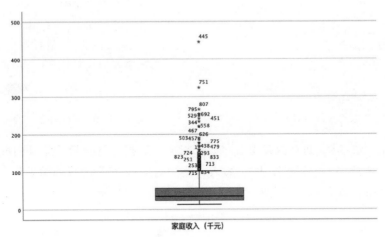

描述		统计	标准误差
家庭收入（千元）	平均值	46.6753	1.32202
	平均值的 95% 置信区间 下限	44.0805	
	上限	49.2701	
	5% 剪除后平均值	41.5157	
	中位数	35.0000	
	方差	1485.567	
	标准偏差	38.54305	
	最小值	13.00	
	最大值	446.00	
	范围	433.00	
	四分位距	32.00	
	偏度	3.701	.084
	峰度	22.486	.168

图 6.20　描述（部分）

极值			个案号	值
家庭收入（千元）	最大值	1	445	446.00
		2	751	324.00
		3	807	266.00
		4	795	254.00
		5	692	253.00
	最小值	1	845	13.00
		2	827	14.00
		3	706	14.00
		4	682	14.00
		5	576	14.00[a]

图 6.21　极值表（部分）

图 6.22　箱线图

如个案号为 445、751、807 等样本距离整体数据非常远，我们需要确认，这些个案为什么会这样，是数据存在错误还是数据的确就是这样的。而数据异常产生的原因不一样，处理的方法也有所区别，本书对此不作展开。

第7章
假设检验

假设检验可以说是统计学的核心之一,假设检验是收集和分析数据的实践,目的是对样本到总体进行科学推断。假设检验的思想其实非常朴素,让我们以一个例子来理解假设检验。

假设我们去买橘子,你问老板橘子甜不甜,老板说很甜,但是你不太相信,于是你拿了一个尝了尝,很甜,于是你买了一些橘子。

这个过程似乎很自然,但是背后则蕴含着深刻的统计思想。因为你假设大部分橘子都不甜,那么你随机拿一个橘子很甜的概率是很小的。而事实上,你尝了一个橘子,很甜。根据小概率原理,小概率事件在一次事件中不会发生。现在事件发生了,那么说明事件不是小概率的,也就是大部分橘子都甜。这种思想就属于假设检验。本章将着重介绍常用的假设检验在 SPSS 中的实现。

7.1 样本与总体

假设我们想要了解一个城市内人们的工资情况,在理想情况下我们可以去收集每一个人的工资数据,这在理论上是可以做到的。但是实际中因种种限制,例如时间、成本等限制,我们没有时间,也没有资源去统计那么多人的数据。

一个折中的方法就是进行抽样。抽样是收集我们感兴趣对象的一部分数据的过程,以此作为查看总体数据的替代方法。如果在抽样时遵循一些规则,是可以获得接近整体值的答案的。也就是说,我们可以从样本中得出有关总体的结论。

例如,我们根据某些规则对城市内的人群进行抽样,然后统计出抽样人群的平均工资,即可得到该城市平均工资的近似结果。

抽样时遵循一些规则而得到的样本叫作有效样本,以下是有效样本应具备的部分特征。

- 代表性:样本应能够代表总体的特征,确保样本结果可以推广到总体。
- 适当性:样本量应足够大,以确保统计推断的可靠性,但也不宜过大,以避免不必要的资源浪费。
- 可靠性:样本数据应准确无误,没有测量误差或数据录入错误。
- 一致性:样本中的个体应具有一致的特征,即在关键变量上没有显著的差异。
- 无偏性:样本应没有系统性偏差,即样本中的个体被选中的概率不受任何特定因素的影响。
- 完整性:样本应包含所有必要的信息,没有缺失数据。

由于随机变异性的影响，从同一总体中抽取的任何两个样本都不太可能产生相同的统计数据。通过从大量样本中计算特定统计量的值（例如均值），可以获得统计量的抽样分布。对于少量样本，抽样分布的平均值可能与总体的平均值不太相似。但是，随着采样数量的增加，采样分布的平均值（所有平均值的平均值）越接近总体平均值。对于无限多的样本，均值将与总体均值完全相同。

此外，样本大小强烈影响精度。样本量越大，样本统计量越接近总体参数，即精度越高。表7.1显示了各种样本大小的精度。

表 7.1　样本量与精度

样本大小	精度
100	10%
400	5%
1600	2.5%

每当我们想从样本中推断出总体时，除了上述抽样原则外，还需要检验特定的假设，以确保推断结果的可靠性和有效性。假设检验便是根据一定的假设条件，由样本推断总体的一种方法。

通常，在假设检验中，我们会提出两个假设：

① 零假设（原假设，null hypothesis）：零假设通常设为"没有效应"或"没有差异"，即在研究中所关注的变量之间不存在显著关系或差异。例如，你可能正在寻找男性和女性之间平均收入的差异，则通常假设两组之间没有差异。

② 备择假设（alternative hypothesis）：备择假设通常（但不限于）是研究人员真正感兴趣的假设。例如，可以假设男性和女性的平均收入不同。

通常而言，在统计学中，我们永远无法确定任何事情，因为我们处理的是样本，而不是总体。所以，我们总是要处理概率。评估假设的方式是通过计算找到我们结果的概率或可能性。概率值的范围可以从 0 到 1（对应于 0 到 100%，以百分比表示），可以使用这些值来评估发现的任何差异是否是随机变化造成的结果。

那么，假设和概率如何相互作用？它们之间的关系又是什么样的呢？

假设你想预测世界杯决赛中 A 和 B 两支队伍哪支能夺冠。你问了两位统计学家。

其中一位说他已经建立了一个预测模型，并预测 A 队会赢。你的下一个问题应该是"你对自己的预测有多大的信心？"这位统计学家说："50%的概率。"你会相信这个预测吗？当然不会，因为这和通过抛硬币来判断哪一队会赢几乎是一样的。

而另一位统计学家，他告诉你他已经通过一个预测模型知道 B 队会赢，而且他对自己的预测有75%的信心。你会相信他的预测吗？现在你开始考虑，如果他的预测可靠，你将有75%的机会是正确的，有25%的机会是错误的。他的预测显然比抛硬币判断的准确率会高些，你如果没有其他的选择，那么相信他的预测似乎也不错。

在经过假设检验后，我们必须选择接受或拒绝零假设。那么如何去判断是否接受呢？我们可以通过计算得到对应（或更大）统计量中偶然事件发生的可能性，如果这个可能性太小，则说明零假设是假的。

这其实很好理解。假设我们玩抛硬币的游戏，抛十次，正面朝上我赢，反之你赢。结果连抛10次都是正面，对于这个结果你自然会怀疑硬币有问题，而非自己运气太差了。用假设检验的语言来说就是，你将零假设设为硬币没有问题（正反面出现的概率一样），那么连续抛硬币10次都是正面朝上的概率将极小，以至于几乎不可能发生，但是事实上（事实就是数据）却发生了，则说明硬币很有可能有问题，也就是你的零假设是错的，即拒绝零假设。

但是应该使用什么标准（显著性水平）来进行判断，也就是概率为多小才算小？传统上，显著性水平5%是假设检验中常用的阈值。其表示在某个假设下，如果观察到的样本数据出现的概率小于5%（小概率实践发生），便认为这个假设是不正确的，从而拒绝该假设。但是，其同样也表示，有5%概率是我们错误地拒绝了原假设。5%这个标准不是固定的，并且在不同的领域中，这个标准也不一样。

7.2 交叉表

在进行假设检验之前，我们首先进行简单的分析，检验两个变量之间是否存在关系（或者说是否独立）最常见方法之一是使用交叉表（列联表）。例如，可以通过交叉表分析性别和惯用手之间否存在关系。

下面介绍如何使用SPSS进行交叉表分析，这里使用的数据依然是bankloan数据集，首先需要准备数据，并且将数据载入到SPSS当中，我们首先构建关于教育和违约的交叉表，点击"分析"→"统计分析"→"交叉表"，在交叉表窗口中，分别选择"教育水平"和"是否曾经违约"作为行和列，如图7.1所示。

需注意，"行"和"列"框中可以添加多个变量，这将为所有变量组合创建单独的表格。

此时，通常需要设置额外的统计参数，通常是百分比。这个时候需要点击

"单元格"按钮,点击后的结果如图7.2所示。

默认情况下,结果显示单元格计数,如果需要显示百分比,则点击"百分比"下面的勾选框即可。这里选择显示每一行的百分比,结果如图7.3所示。

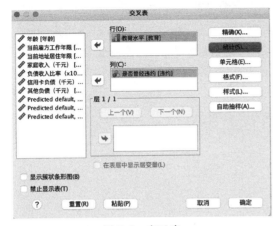

图 7.1 交叉表

图 7.2 交叉表

个案处理摘要

	个案					
	有效		缺失		总计	
	N	百分比	N	百分比	N	百分比
教育水平 * 是否曾经违约	700	82.4%	150	17.6%	850	100.0%

教育水平 * 是否曾经违约 交叉表

			是否曾经违约		总计
			否	是	
教育水平	未完成高中	计数	293	79	372
		占 教育水平 的百分比	78.8%	21.2%	100.0%
	高中	计数	139	59	198
		占 教育水平 的百分比	70.2%	29.8%	100.0%
	大专	计数	57	30	87
		占 教育水平 的百分比	65.5%	34.5%	100.0%
	大学	计数	24	14	38
		占 教育水平 的百分比	63.2%	36.8%	100.0%
	研究生	计数	4	1	5
		占 教育水平 的百分比	80.0%	20.0%	100.0%
总计		计数	517	183	700
		占 教育水平 的百分比	73.9%	26.1%	100.0%

图 7.3 交叉表结果

图7.3中个案处理摘要显示了交叉表中有效样本的数量和缺失样本的数量。只有有效的样本的结果会显示在交叉表中。

如果有大量缺失的数据,就需要思考为什么会出现这种情况。在这个例子中,没有任何缺失的数据。

在交叉表中,表格的每个单元格代表变量值的唯一组合。例如,交叉表中的第一个单元格显示教育水平为"未完成高中"的人群中未违约人数为 293 人。

尽管查看计数很有用，但通过检查百分比来检测数据中的规律通常要容易得多。查看交叉表中的第一列，"未完成高中"的人群中非违约人群占比 79%，"高中"人群中的非违约人数占比 70%，"大专"人群中非违约人数占比 66%，"大学"人群中非违约人数占比 63%，"研究生"人群中非违约人群占比为 80%。

不同群体违约百分比的差异肯定会让我们得出结论，教育水平与是否曾经违约是有关系的。但是你怎么知道这些百分比的差异不是偶然的呢？要回答这个问题，我们需要进行卡方检验。

7.3 卡方检验

卡方检验主要用于检验两个分类变量是否存在关联，以及实际观测值与理论期望值之间是否存在显著差异。

Pearson 卡方检验是最常用的卡方检验之一，它的零假设是行变量和列变量彼此不相关，即变量是独立的。在本例中，我们使用卡方检验来分析教育水平与是否曾经违约的相关性。

具体步骤如下：点击"分析"→"描述统计"→"交叉表"，在交叉表窗口中点击"统计"按钮，要勾选"卡方"，如图 7.4 所示。然后点击"继续"→"确定"。

Pearson 卡方检验是通过检验观察到的计数与预期计数之间的差异来计算的。卡方检验的结果如图 7.5 所示。

卡方检验			
	值	自由度	渐进显著性（双侧）
皮尔逊卡方	11.492[a]	4	.022
似然比	11.332	4	.023
线性关联	9.192	1	.002
有效个案数	700		

a. 2 个单元格 (20.0%) 的期望计数小于 5。最小期望计数为 1.31。

图 7.4　交叉表　　　　　　　　图 7.5　卡方检验结果

实际卡方值为 11.492。自由度数与表格中单元格的数量有关，以计算卡方统计量的显著性。显著性值提供了零假设为真的概率，因此数字越小，变量不相关的可能性就越小，也就是越应该拒绝零假设。通常使用 0.05 或更低的阈值来确定结果是否具有统计显著性。例如，阈值为 0.05，如果显著性值小于 0.05，则拒绝零假设。在这个例子中，我们可以看到零假设小于 0.05，因此拒绝零假设，可以得出结论，教育水平与是否违约是有关系的。

7.4 t 检验

上一节介绍了交叉表过程，它在自变量和因变量都是分类变量时使用。在本章中，我们讨论 t 检验，它主要用于自变量是分类变量而因变量是连续变量的情况。例如，分析两个城市的居民在房租上的花费是否存在显著差异。

7.4.1 平均值与单样本 t 检验

通常，我们会遇到因变量是分类变量，自变量是连续变量的情况。例如分析服用不同剂量的某种药物是否能够加快感冒痊愈。对于这种类型的分析，可以使用 SPSS 中"平均值""单样本 t 检验"等统计方法。各方法的过程相似，本例先以"平均值"方法进行分析。

本例继续使用 bankloan 数据集。点击"分析"→"比较平均值和比例"→"平均值"打开平均值窗口，然后将"家庭收入""信用卡负债""其他负债"拖拽到因变量列表中，将"是否曾经违约"拖拽到层，如图 7.6 所示。

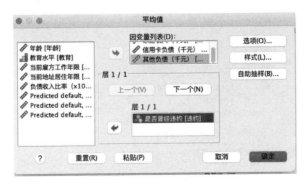

图 7.6　平均值过程

点击"选项",还可以添加很多其他的统计量,如图 7.7 所示。默认情况下,计算的统计量只有平均值、个案数、标准差,可以在左边的统计栏中选择其他的统计量,这里选择了中位数和范围。

点击"继续"→"确定",分析结果如图 7.8 所示。

图 7.7　平均值过程

报告

是否曾经违约		家庭收入(千元)	信用卡负债(千元)	其他负债(千元)
否	平均值	47.1547	1.2455	2.7734
	个案数	517	517	517
	标准偏差	34.22015	1.42231	2.81394
	中位数	36.0000	.7290	1.8798
	范围	239.00	9.86	18.22
是	平均值	41.2131	2.4239	3.8628
	个案数	183	183	183
	标准偏差	43.11553	3.23252	4.26368
	中位数	29.0000	1.3768	2.5295
	范围	432.00	20.49	26.87
总计	平均值	45.6014	1.5536	3.0582
	个案数	700	700	700
	标准偏差	36.81423	2.11720	3.28755
	中位数	34.0000	.8549	1.9876
	范围	432.00	20.55	26.99

图 7.8　分析结果

分析结果给出了不同情况下各个变量的平均值、个案数、标准偏差等信息。

平均值过程使用得不多,主要是因为其他过程,例如单样本 t 检验过程同样可以计算这些统计量。

单样本 t 检验用于推断某一个变量的平均值是否等于某一个值。打开单样本 t 检验过程的窗口,将"家庭收入"拖拽到"检验变量"处,并且设置"检验值"为 40(即检验"家庭收入"的平均值是否为 40),如图 7.9 所示。

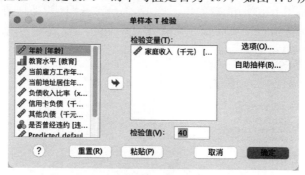

图 7.9　t 检验

然后点击"确定",结果如图 7.10 所示。

从结果可以看到,Sig 值(significance,也即显著性水平,在 SPSS 的统计结果中等同于 p 值)非常小,因此拒绝零假设,即认为家庭收入的平均值不等于 40。

图 7.10　t 检验结果

7.4.2　独立样本 t 检验

独立样本 t 检验是非常常用的一种统计检验，它允许比较两组数据的均值是否相同。例如，我们假设违约人群和非违约人群的家庭收入是不是一样的。独立样本 t 检验的作用是检验两个独立组样本的均值是否存在差异，如果存在差异，则判断差异是否显著。独立样本的 t 检验的零假设和备择假设分别是：

- 两组数据的均值是相等的/无差异的。
- 两组数据的均值不一致。

以下是执行独立样本 t 检验的方法。

点击"分析"→"比较平均值和比例"→"独立样本 t 检验"，将"是否曾经违约"设置为"分组变量"，将"家庭收入"设置为"检验变量"，如图 7.11 所示。

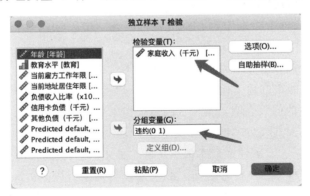

图 7.11　独立样本 t 检验

对于分组变量，如果自变量是连续的，可以指定一个切点值来定义两个组。小于或等于分界点的数据进入第一组，大于分界点的数据进入第二组。此外，如果自变量是分类变量但具有两个以上的类别，则可以通过仅指定两个类别在分析中进行比较来使用它。例如，对于本例中"违约"这一变量，可点击"定义组"，

图 7.12 定义组

对违约与未违约的值进行定义,结果如图 7.12 所示。

接下来点击"继续"→"确定",即可完成分析,结果如图 7.13 所示。

从结果中可以看到,Sig 值(p 值)为 0.061,因此不能拒绝零假设。

需要注意的是,每种统计检验都有假设。数据越符合这些假设,则测试结果的可信度就越高。独立样本 t 检验有四个假设:

组统计

	是否曾经违约	个案数	平均值	标准 偏差	标准 误差平均值
家庭收入(千元)	是	183	41.2131	43.11553	3.18719
	否	517	47.1547	34.22015	1.50500

独立样本检验

		莱文方差等同性检验		平均值等同性 t 检验					差值 95% 置信区间	
		F	显著性	t	自由度	Sig.(双尾)	平均值差值	标准误差差值	下限	上限
家庭收入(千元)	假定等方差	.202	.653	-1.880	698	.061	-5.94162	3.16088	-12.14760	.26435
	不假定等方差			-1.686	267.520	.093	-5.94162	3.52466	-12.88122	.99797

图 7.13 独立样本 t 检验结果

- 因变量是连续的;
- 仅比较两个不同的组;
- 因变量正态分布在自变量的每个类别中(正态性);
- 自变量的每个类别中都存在类似的变化(方差同质性,homogeneity of variance)。

即使数据轻微违反正态性假设,只要样本量适中(每组超过 50 个案例),独立样本 t 检验也能很好地工作。

方差同质性的假设表明,自变量的每个类别中都存在相似的变化——每组的标准差是相似的。违反方差同质性假设比违反正态性假设更为严重,因为前者发生时,SPSS 报告的显著性或概率值不正确,必须调整检验统计量。

在进行独立样本的 t 检验之前,必须确定数据是否满足方差同质性的假设。莱文(Levene)方差等同性检验可以评估方差同质性的假设。该检验用于分析组之间的标准差是相似还是不同。

- 当莱文检验在统计上不显著(即满足等方差假设)时,可以继续使用常规独立样本 t 检验。
- 当莱文检验具有统计显著性时(即不满足方差相等的假设),组之间存在变异差异,因此必须对独立样本 t 检验进行调整。在这种情况下,将使用未假定等方差的结果。请注意，如果不满足方差同质性的假设，仍然可以进行测试，但必须进行校正。

在独立样本检验表的左侧，显示了莱文的方差相等检验。F 列显示实际检验结果，用于计算显著性水平（显著性列）。

从图 7.13 中可以看到，莱文检验的 p 值为 0.653，不能拒绝零假设，即没有证据判断两组数据的标准差不一样。事实上，从结果中可以看到，最终分析结果中其实给出了等方差和不等方差的情况下的 t 检验。

另一个有用的信息是总体均值差的 95％ 置信区间。从技术上讲，这说明，如果要不断重复这项研究，真正的总体差异有 95％ 的概率落在置信区间内。从更实际的角度来看，95％ 的置信区间提供了对估计真实总体差异的精确度的度量。

注意，置信区间包括零，因为组之间不存在统计学上的显著差异。如果范围内不包含零，则表明组之间有差异。

本质上，95％ 置信区间是检验零假设的另一种方法。如果零值不在 95％ 置信度范围内，则零假设为真（即无差异或差异为零）的概率小于 0.05。

7.4.3 摘要独立样本 t 检验

摘要独立样本 t 检验过程与独立样本 t 检验过程一样，区别在于独立样本 t 检验过程要求用所有数据来运行分析（SPSS 直接从数据编辑器读取数据），然而，在摘要独立样本 t 检验过程中，只需指定每组运行分析的个案数、均值和标准差，即可完成检验。

当在 SPSS 数据编辑器窗口中输入所有数据过于耗时时，或者原始数据不可直接使用的时候，摘要独立样本 t 检验过程非常有用。

要执行摘要独立样本 t 检验过程，可点击"分析"→"比较平均值和比例"→"摘要独立样本 t 检验"。点击之后，出现摘要独立样本 t 检验窗口。如我们想研究数据集中的两个样本之间是否存在差异，则需要指定每个样本中的个案数，以及各自的均值和标准差，具体设置如图 7.14 所示。

接着点击"确定"，即可完成分析，输出结果如图 7.15 所示。

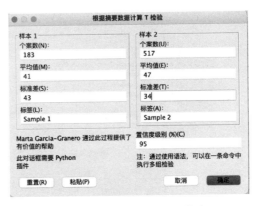

图 7.14　摘要独立样本 t 检验

摘要数据				
	N	平均值	标准差	标准误差平均值
Sample 1	183.000	41.000	43.000	3.179
Sample 2	517.000	47.000	34.000	1.495

独立样本检验

	平均值差值	标准误差差值	t	自由度	显著性（双尾）
假定等方差	-6.000	3.145	-1.908	698.000	.057
不假定等方差	-6.000	3.513	-1.708	266.857	.089

Hartley 等方差检验：F = 1.599, 显著性 = 0.0000

差值的 95.0% 置信区间		
	下限	上限
渐近（等方差）	-12.164	.164
渐近（不等方差）	-12.885	.885
精确（等方差）	-12.174	.174
精确（不等方差）	-12.916	.916

图 7.15 摘要独立样本 t 检验结果

从结果可以看到，在方差相等的情况下，p 值为 0.057，大于 0.05，不能拒绝零假设。在方差不相等的情况下，p 值为 0.089，大于 0.05，依然不能拒绝零假设。这里的结果和上文的结果虽然不完全一样，但是基本上是一致的。

最后一个表，差值的 95.0% 置信区间，显示了总体均值差的 95% 置信区间。如前所述，置信区间告诉我们，如果要不断重复这项研究，真正的总体差异有 95% 的可能性落在置信区间内。当满足和不满足方差同质性假设时，置信区间也有所不同。

7.4.4 配对样本的 t 检验

配对样本的 t 检验用于检验同一组的均值在两个不同条件或时间点下是否存在差异。例如，配对样本 t 检验可用于比较某种治疗前后测量的平均值。

配对样本 t 检验的目标是确定从一个时间点或条件到另一个时间点或条件是否存在显著差异或变化，其提供了比独立样本 t 检验更强大的统计分析（发现真实效果的概率更大）。

在这个例子中，我们使用 Employee data 数据集（见配书资源），该数据集描述了人们的工资变化。将该数据集导入 SPSS 后，选择"分析"→"比较平均值和比例"→"成对样本 t 检验"，在成对样本 t 检验窗口中，我们将"Current_Salary"拖拽到"变量 1"，将"Beginninng_Salary"拖拽到"变量 2"，如图 7.16 所示。

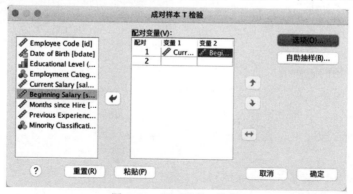

图 7.16 配对样本 t 检验

从技术上讲，选择这对变量的顺序并不重要，计算是相同的。但是，SPSS 的结果是从第一个变量中减去第二个变量。因此，在呈现方面，可能需要注意 SPSS 如何显示结果，以便于理解。

接着点击确定，结果如图 7.17 所示。

T-检验

[数据集3] /Users/milin/SPSSData/SPSSData/Employee data.sav

配对样本统计

		平均值	个案数	标准 偏差	标准 误差平均值
配对 1	Current Salary	$34,419.57	474	$17075.661	$784.311
	Beginning Salary	$17,016.09	474	$7,870.638	$361.510

配对样本相关性

		个案数	相关性	显著性
配对 1	Current Salary & Beginning Salary	474	.880	.000

配对样本检验

		配对差值					t	自由度	Sig. (双尾)
		平均值	标准 偏差	标准 误差平均值	差值 95% 置信区间 下限	上限			
配对 1	Current Salary − Beginning Salary	$17403.481	$10814.620	$496.732	$16427.407	$18379.555	35.036	473	.000

图 7.17　配对样本的 t 检验结果

从结果中可以看到，初始工资为 17016，当前工资是 34419，配对样本间的 p 值非常小，因此拒绝零假设，认为工资在过去和当前是有差异的。

配对样本 t 检验具有三个假设：

- 因变量是连续的；
- 比较的两个时间点或条件是基于相同的连续因变量。换句话说，应以一致的格式测量因变量。受试者必须是独立的，一个受试者的测量值不影响任何其他受试者的测量值；
- 测量的差异是正态分布的（正态性）。

与独立样本 t 检验一样，只要样本量适中（每组超过 50 个案例），即使中度违反正态性假设，配对样本 t 检验也能很好地工作。

第8章
相关性检验

第8章 相关性检验

许多人使用相关性来指代变量或模式之间的关系。这种对相关性一词的看法是正确的，但相关性也指一种特定的统计技术。分析连续变量之间关系的两种最常用的统计技术是皮尔逊（Pearson）相关性和线性回归。

皮尔逊相关性用于研究两个连续变量之间的关系。例如，你可能会发现随着身高的增加，体重也会增加。换句话说，身高和体重是相互关联的，因为一个变量的变化会影响另一个变量。

相关性只是试图确定两个变量是否相关，而线性回归则更进一步，试图根据一个变量预测另一个变量的值。例如，如果你知道某人的身高，你就可以用线性回归法对那个人的体重做出预测。在本章中，将使用散点图直观地显示两个连续变量之间的关系。然后，使用相关性来量化关系。最后，使用线性回归从自变量预测因变量。

8.1 绘制散点图

相关性和线性回归过程只在变量之间存在线性关系时适用。因此，在运行检验前，最好创建一个散点图，散点图将显示变量之间的关系。

在这个例子中，我们使用 Employee data 数据集（见配书资源）。首先绘制散点图查看变量间的关系，将"Current_Salary"（当前工资）设置为"Y 轴"，将"Beginninng_Salary"（起始工资）设置为"X 轴"，并勾选线性拟合线中的"总计"，如图 8.1 所示。（通常，相关性的检验不需要将变量定义为因变量或者

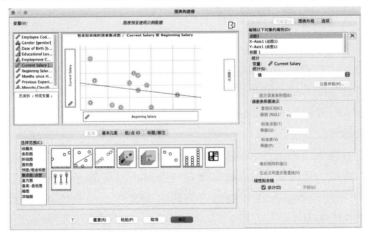

图 8.1　图表构建器

自变量，这与线性回归不同。但是，在创建散点图时，最好将因变量置于 Y 轴，将自变量置于 X 轴。）

完成图形的绘制，绘制结果如图 8.2 所示。

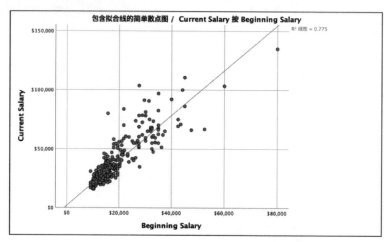

图 8.2　绘制结果

从图 8.2 的右上角可以观察到，相关系数的值为 0.775，相关性比较强。请注意，在大多数情况下，低起始工资与低当前工资相关，而高起始工资与高当前工资相关——这被称为正相关。在当前示例中，可以看到起始工资最高（约 80000 美元）的人也是当前工资最高（约 135000 美元）的人。可见这是一个正相关的例子。

8.2　双变量分析

散点图直观地显示了两个连续变量之间的关系，而皮尔逊相关系数则用于量化连续变量之间关系的强度和方向，它的值介于 −1 和 1 之间，因此绝对值越大，相关性越强。

图 8.2 中显示出相关性为 0.775，相关性比较高，说明变量之间有比较强的线性关系。如相关性为 1，表示数据落在一条向上倾斜的完美直线上（正关系）；相关性为 −1，表示数据形成一条向下倾斜的完美直线（负关系）；相关性为 0，表示不存在直线关系。

双变量分析研究两个连续变量之间的关系，例如身高和体重的关系。它的目标是确定一个变量相对于另一个变量是增加还是减少。回到假设检验的思想，可以设置两个假设：

① 零假设：变量之间不是线性相关的。也就是说，变量是独立的。

② 备择假设：变量彼此线性相关。也就是说，变量是相关联的。

点击"分析"→"相关"→"双变量"，将出现双变量窗口（图8.3）。本例中我们选择多个变量构建相关系数矩阵。注意，在这里最多可以选择三种不同类型的相关性。最常见的形式是皮尔逊相关，这是默认的，用于连续变量。而斯皮尔曼（Spearman rho）和肯德尔 tau-b（Kendall tau-b）相关系数不太常见，都用于非正态数据或有序数据。

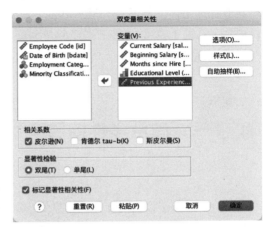

图 8.3 双变量相关性

点击"确定"，数据结果如图 8.4 所示。

➡ 相关性

		Current Salary	Beginning Salary	Months since Hire	Educational Level (years)	Previous Experience (months)
Current Salary	皮尔逊相关性	1	.880**	.084	.661**	-.097*
	Sig.（双尾）		.000	.067	.000	.034
	个案数	474	474	474	474	474
Beginning Salary	皮尔逊相关性	.880**	1	-.020	.633**	.045
	Sig.（双尾）	.000		.668	.000	.327
	个案数	474	474	474	474	474
Months since Hire	皮尔逊相关性	.084	-.020	1	.047	.003
	Sig.（双尾）	.067	.668		.303	.948
	个案数	474	474	474	474	474
Educational Level (years)	皮尔逊相关性	.661**	.633**	.047	1	-.252**
	Sig.（双尾）	.000	.000	.303		.000
	个案数	474	474	474	474	474
Previous Experience (months)	皮尔逊相关性	-.097*	.045	.003	-.252**	1
	Sig.（双尾）	.034	.327	.948	.000	
	个案数	474	474	474	474	474

**. 在 0.01 级别（双尾），相关性显著。
*. 在 0.05 级别（双尾），相关性显著。

图 8.4 相关性结果

注意，该表是对称的，因此在主对角线的上方和下方表示相同的信息。此外，主对角线上的相关性为 1，因为这是每个变量与其自身的相关性。

在图 8.4 中，当前工资和起始工资之间具有非常强的正相关（0.880），相关性显著。注意，对于这种关系，零假设为真的概率非常小（小于 0.01）。因此，可以拒绝零假设并得出结论，这些变量之间存在正的线性关系。

其他变量中，工作月份与所有其他变量之间的相关性没有统计学意义。令人惊讶的是，当前工资和先前工作经验之间存在统计上显著的负相关，尽管很弱（-0.097）。

8.3 简单线性回归

回归分析是基于过去（已知）收集的数据预测未来（未知）。回归允许通过开发一个方程来进一步量化关系，以便预测未来。例如，基于起始工资预测当前工资。线性回归是一种统计技术，用于从一个或多个连续自变量预测连续因变量。

回到假设检验的想法，可以设置两个假设：

① 零假设：变量之间不是线性相关的。也就是说，变量是独立的。

② 备择假设：变量彼此线性相关。也就是说，变量是相关联的。

当存在单个自变量时，可以先在散点图中可视化自变量和因变量之间的关系。

要执行线性回归，点击"分析"→"回归"→"线性"，将出现线性回归窗口。在此示例中，我们从起始工资预测当前工资。可以将因变量"Current Salary"放在"因变量"框中；将自变量"Beginning Salary"放在"自变量"框中。如图 8.5 所示。

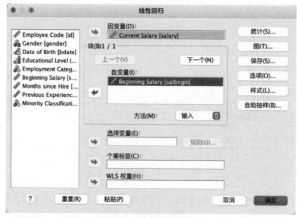

图 8.5　线性回归

当只考虑一个自变量时，该过程是一个简单的回归。如果使用多个自变量，则为多元回归。SPSS 中的所有对话框都旨在适应多元回归。

点击"确定"，分析结果如图 8.6 所示。

➡ 回归

输入/除去的变量^a

模型	输入的变量	除去的变量	方法
1	Beginning Salary^b	.	输入

a. 因变量：Current Salary
b. 已输入所请求的所有变量。

模型摘要

模型	R	R 方	调整后 R 方	标准估算的错误
1	.880^a	.775	.774	$8,115.356

a. 预测变量：(常量), Beginning Salary

ANOVA^a

模型		平方和	自由度	均方	F	显著性
1	回归	1.068E+11	1	1.068E+11	1622.118	.000^b
	残差	3.109E+10	472	65858997.2		
	总计	1.379E+11	473			

a. 因变量：Current Salary
b. 预测变量：(常量), Beginning Salary

系数^a

模型		未标准化系数 B	标准错误	标准化系数 Beta	t	显著性
1	(常量)	1928.206	888.680		2.170	.031
	Beginning Salary	1.909	.047	.880	40.276	.000

a. 因变量：Current Salary

图 8.6　线性回归结果

另外，SPSS 中还提供了一个非常好用的构建回归模型的方法，即自动构建线性模型过程。该过程能够自动地帮助我们构建良好的回归模型。

本例使用 bankloan 数据集。点击"分析"→"回归"→"自动线性建模"，在新窗口（图 8.7）中，我们将"家庭收入"设置为"目标"，其他变量作为"预测变量"。

然后点击"构建选项"，在构建选项中我们可以对模型进行一系列设置，如图 8.8 所示。在该选项中，可以选择"增强模型准确性"。在"选择项目"中，还可以进行其他的设置，例如可以选择模型选择的方法、置信度水平等。

在"模型选项"窗口可以设置是否保存模型以及是否将预测值保存到数据集当中。这里设置"将预测值保存到数据集"当中，如图 8.9 所示。

接着点击"运行"即可完成回归模型的构建。此时，我们先查看数据集，可见预测结果被添加到了数据集当中，如图 8.10 所示。

图 8.7 自动线性建模　　　　　　　图 8.8 构建选项

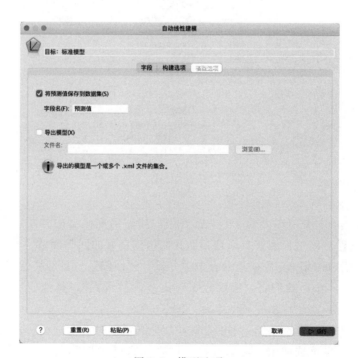

图 8.9 模型选项

下一步,我们查看模型结果,如图 8.11 所示。

模型结果包含了很多内容,但是没有直接展示出来,想要进一步查看,需要鼠标右键选择"编辑"(或双击图表),点击之后会进入模型查看器窗口,此时可点击左边侧边栏的项目,可以查看有关模型结果。例如点击图 8.12 中箭头所指的项目，查看变量的重要性。从结果中可以看到，对于预测家庭收入，最重要的变量是工龄，最不重要的变量是负债率。

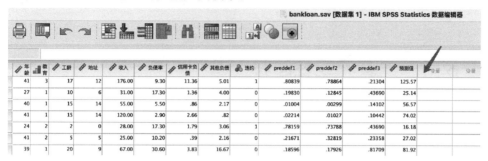

图 8.10　预测结果

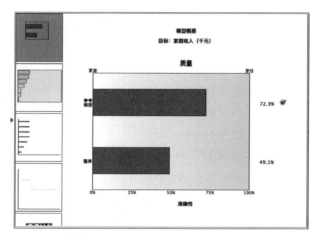

图 8.11　模型结果

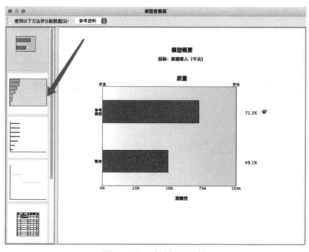

图 8.12　变量重要性

自动构建线性模型过程非常好用，如果大家要使用线性回归去预测数值，可以多多使用该过程。

8.4 多元线性回归

在上文中，我们讨论了简单线性回归，其通过一个连续的自变量用于预测一个连续的因变量。在本节中，我们将讨论多元线性回归，其中使用几个连续的自变量来预测或理解一个连续的因变量。

运行多元回归时，将再次关注模型与数据的拟合程度、线性模型是否适合数据、哪些变量是重要的预测变量，以及估计最佳拟合的模型系数。

关于多元回归模型的假设检验，零假设和备择假设分别是：

- 零假设：变量之间不是线性相关的。也就是说，变量是独立的
- 备择假设：变量彼此线性相关。也就是说，变量是相关联的。

在这个例子中我们使用 bankloan 数据集。要执行多元线性回归，点击"分析"→"回归"→"线性"，将出现新窗口，如图 8.13 所示。

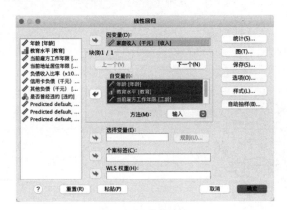

图 8.13　线性回归

在这个例子中，我们预测家庭收入，将"家庭收入"设置为"因变量"，然后将"年龄""教育水平""当前雇方工作年限""当前地址居住年限"设置成"自变量"。变量具体的设置如图 8.14 所示。

我们点击"统计"按钮，进行一些设置，如图 8.15 所示。这里勾选"个案诊断"和"共线性诊断"。个案诊断会显示标准化残差、因变量值、预测值和残差的个案诊断表。共线性诊断显示了许多标准，这些标准提供了有关预测变量之

图 8.14 变量设置

间冗余量的信息。默认情况下选择估计值和模型拟合选项。

点击"继续",然后再点击"图"按钮。运行多元回归分析的时候,需要绘制一些涉及残差和异常值信息的诊断图。默认情况下,不会出现残差图,需要进行设置,设置如图 8.16 所示。若需绘制其他的图形,可点击"下一个"按钮进行相应设置。

图 8.15 统计设置

图 8.16 图设置

这里点击"继续",然后再点击"保存"按钮。选择预测值中的"未标准化",接着点击"继续"→"确定"。

多元线性回归的模型汇总表与简单线性回归的表一样,提供了几种衡量模型与数据拟合程度的方法,模型摘要如图 8.17 所示。

R 是因变量与自变量组合之间的相关性,R 越接近 1,说明拟合得越好。从结果中可以看到 R 为 0.711,可以说相关性比较高。注意,R 是因变量与使用的 4 个自变量的组合之间的相关性。也可以将 R 视为因变量与预测值之间的相关性。

模型摘要[b]

模型	R	R 方	调整后 R 方	标准估算的错误
1	.711[a]	.505	.503	27.17909

a. 预测变量：（常量），当前地址居住年限，教育水平，当前雇方工作年限，年龄
b. 因变量：家庭收入（千元）

图 8.17 回归结果

与简单线性回归一样，R 方和调整后 R 方的解释相同，只是现在解释的方差量来自一组预测变量，而不仅仅是一个预测变量。从结果中可以看到 R 方为 0.505，调整后 R 平方为 0.503，它们大致相同。这些值告诉我们，4 个预测的组合可以解释因变量（即家庭收入）中大约 50% 的变化。

方差分析（ANOVA）表有类似的解释，只是现在它用来测试任何预测变量是否对因变量有显著影响，方差分析的结果如图 8.18 所示。

ANOVA[a]

模型		平方和	自由度	均方	F	显著性
1	回归	637042.617	4	159260.654	215.595	.000[b]
	残差	624203.764	845	738.703		
	总计	1261246.38	849			

a. 因变量：家庭收入（千元）
b. 预测变量：（常量），当前地址居住年限，教育水平，当前雇方工作年限，年龄

图 8.18 方差分析结果

显著性列提供了零假设为真的概率——也就是说，自变量和因变量之间不存在任何关系的概率。可见零假设为真的概率极小（小于 0.05），因此必须拒绝零假设，因变量与自变量组合之间存在线性关系。

如果 ANOVA 表的结果在统计上不显著，则会得出因变量和预测变量组合之间不存在任何关系的结论，因此没有理由继续进行分析。

目前，确实有一个具有统计显著性的模型，所以我们希望进一步确定哪些预测变量具有统计显著性，并确定哪些预测变量最重要。要回答这些问题，查看系数表，如图 8.19 所示。

系数[a]

模型		未标准化系数		标准化系数	t	显著性	共线性统计	
		B	标准错误	Beta			容差	VIF
1	（常量）	-27.977	4.902		-5.707	.000		
	年龄	.686	.164	.143	4.184	.000	.501	1.997
	教育水平	12.693	1.026	.306	12.371	.000	.960	1.042
	当前雇方工作年限	3.361	.168	.591	19.948	.000	.667	1.499
	当前地址居住年限	.015	.169	.003	.086	.932	.637	1.569

a. 因变量：家庭收入（千元）

图 8.19 回归系数

在系数表中，自变量按它们在"线性回归"对话框中列出的顺序出现，而不是按重要性顺序出现。

B 系数对于预测和解释因变量都很重要。然而，通常首先查看 t 检验，以确定哪些自变量与结果变量显著相关。查看显著性值，会发现当前地址居住年限这个变量并不显著。

B 系数列显示了在控制模型中的所有其他变量后，自变量中的一个单位变化如何影响因变量。

标准错误列则包含回归系数的标准误差。

Beta 是标准化回归系数，用于判断每个自变量的相对重要性。值的范围在 −1 和 +1 之间，因此值越大，变量的重要性就越大（如果任何 Beta 的绝对值大于 1，则表明数据存在问题，可能存在多重共线性）。

综上可见，在该示例中最重要的预测因素是当前雇方工作年限，其次是教育水平，然后是年龄。

当回归模型中的自变量高度相关时，会出现多重共线性，这是常见的问题。这种情况经常发生在市场研究中，特别是在分析产品的许多属性时，或者在经济学中，当在一个等式中使用许多经济指标时。拥有的变量越多，发生多重共线性的可能性就越大。

典型数据中的多重共线性是程度问题，而不是绝对条件。例如，所有调查数据都会有一些多重共线性，需要关注的是"共线性问题是否严重？"

SPSS 提供了许多多重共线性指标（图 8.19），容差是独立于任何其他预测变量的变化比例。容差值的范围为 0 到 1，数字越大越好。0.10 的容差意味着一个自变量与一个或多个其他自变量共享其 90% 的方差，并且在很大程度上是多余的。VIF 值表示由于预测变量之间的相关性，标准误差有多大（系数估计值的精确度有多大）。VIF 等于容差的倒数。这些值的范围从 1 到正无穷大。VIF 值大于 5 表明可能存在多重共线性。在该示例中，没有多重共线性问题。

如果在数据集中检测到多重共线性，应该尝试对其进行调整，因为多重共线性会使回归系数不稳定。解决多重共线性的两种最常见的方法是排除冗余变量或合并冗余变量。

个案诊断表列出了与回归拟合线相差超过三个标准差（误差）的个案，如图 8.20 所示。

个案诊断[a]

个案号	标准残差	家庭收入（千元）	预测值	残差
344	6.093	220.00	54.3882	165.61178
445	12.252	446.00	112.9930	333.00701
451	5.281	242.00	98.4701	143.52994
457	3.151	177.00	91.3499	85.65006
467	4.581	221.00	96.4955	124.50449
503	3.871	190.00	84.7979	105.20212
529	4.129	249.00	136.7881	112.21193
558	4.842	234.00	102.4044	131.59565
626	3.086	186.00	102.1367	83.86330
692	4.847	253.00	121.2641	131.73590
751	7.051	324.00	132.3486	191.65142
795	5.843	254.00	95.1961	158.80392
807	6.247	266.00	96.2197	169.78034
843	-3.040	26.00	108.6293	-82.62935

a. 因变量：家庭收入（千元）

图 8.20 个案诊断

残差通常应在正值和负值之间平衡；如果不是，则需要检查数据。在该数据中，大多数残差为正，表明需要进行一些额外的调查。

为了检验回归的假设，可以查看残差直方图，如图 8.21 所示。

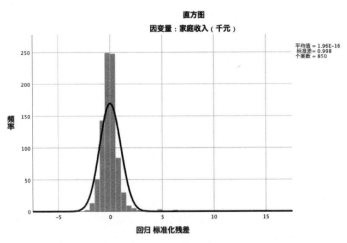

图 8.21　直方图

残差应该是近似正态分布的。从图 8.21 可以看到，残差还是比较接近正态分布。需要注意，更大的样本量可以防止适度偏离正态性。

残差散点图如图 8.22 所示。这里期望看到数据集分布在 0 水平线周围，而不应该呈现某种趋势。不幸的是，图中残差似乎在缓慢减少，然后又上升。这种类型的模式似乎意味着因变量和自变量的关系是曲线的。

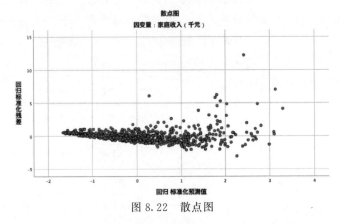

图 8.22　散点图

总结一下，构建回归模型的时候，需要检验模型是否满足假设，以确保模型的效果。如果模型不能满足假设，则需要对数据进行处理，或者选择其他更加稳健的方法，乃至其他不需要满足假设的模型。

第9章
方差分析

在第 6 章，我们讨论了 t 检验，它用于因变量是连续的且自变量有两个类别的情况。而本章将要介绍的方差分析（ANOVA），可以视为独立样本 t 检验的扩展。其可适用于两个或更多独立样本，即方差分析能够同时比较多个组的均值。

 单因素方差分析

单因素方差分析的目的是测试两个或多个独立样本的均值是否在连续因变量上彼此不同。其目标是确定组之间是否存在显著差异。

方差分析有两个假设：
- 零假设：各组的均值相同。
- 备择假设：各组的均值彼此不同。

本例使用 bankloan 数据集，将分析家庭收入与教育水平之间的关系，确定不同教育水平组之间是否存在收入差异。

首先，点击"分析"→"比较平均值和比例"→"单因素 ANOVA 检验"。在打开的单因素 ANOVA 检验窗口中将"家庭收入"拖拽到"因变量列表"，将"教育水平"拖拽到"因子"，如图 9.1 所示。

接着，点击"选项"，选择需要的统计方法，如图 9.2 所示。

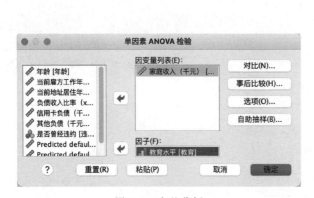

图 9.1 方差分析

图 9.2 方差分析

勾选的选项中，"描述"将提供组均值和标准差。"方差齐性检验"是评估方差齐性的假设。"布朗-福塞斯"（Brown-Forsythe）和"韦尔奇"（Welch）是在

方差不齐的情况下用于比较多个组均值的稳健检验方法。它们不假设方差同质性，因此在方差齐性假设不成立时，比传统的 ANOVA 更为可靠。

接点击"继续"→"确定"，输出结果如图 9.3 所示，一共有 4 部分。

描述

家庭收入（千元）

	个案数	平均值	标准 偏差	标准 错误	平均值的 95% 置信区间 下限	平均值的 95% 置信区间 上限	最小值	最大值
未完成高中	460	40.8370	32.19679	1.50118	37.8869	43.7870	13.00	324.00
高中	235	46.9532	32.34843	2.11018	42.7958	51.1106	14.00	249.00
大专	101	63.0198	45.50999	4.52841	54.0356	72.0040	15.00	266.00
大学	49	59.3265	70.39424	10.05632	39.1069	79.5461	18.00	446.00
研究生	5	116.6000	71.81086	32.11479	27.4350	205.7650	20.00	190.00
总计	850	46.6753	38.54305	1.32202	44.0805	49.2701	13.00	446.00

方差齐性检验

家庭收入（千元）

	莱文统计	自由度 1	自由度 2	显著性
基于平均值	10.239	4	845	.000
基于中位数	6.044	4	845	.000
基于中位数并具有调整后自由度	6.044	4	484.302	.000
基于剪除后平均值	7.933	4	845	.000

ANOVA

家庭收入（千元）

	平方和	自由度	均方	F	显著性
组间	74969.188	4	18742.297	13.350	.000
组内	1186277.19	845	1403.878		
总计	1261246.38	849			

平均值相等性稳健检验

家庭收入（千元）

	统计[a]	自由度 1	自由度 2	显著性
韦尔奇	7.298	4	28.502	.000
布朗-福塞斯	5.832	4	23.401	.002

a. 渐近 F 分布。

图 9.3 方差分析结果

描述表中显示了每组中有多少案例，以及均值和标准差等信息。可以看到，"研究生"人群的家庭收入均值远高于其他组。

在方差齐性检验表中，显示了莱文（Levene）统计量，它主要用于验证方差齐性假设是否成立。例如"基于平均值"的 p 值很小，而这里的零假设是方差相等，因此则拒绝零假设并得出方差不相等的结论。这种情况下就需要使用布朗-福塞斯检验或韦尔奇检验（此前在选项中已勾选）。

需注意，在单因素方差分析中，违反方差同质性假设比违反正态性假设更严重。因此单因素方差分析与独立样本 t 检验一样，都需要先检验方差假设的同质性。如果假设成立，则继续进行标准检验（ANOVA F 检验）以检验均值的相等性。如果方差齐性假设的零假设被拒绝，则使用调整后的 F 检验来检验均值的相等性。

ANOVA（方差分析）表显示了以下信息：
- 平方和是用于计算组间方差（单个组均值围绕总样本均值的偏差）和组内方差（单个观察值围绕其各自样本组均值的偏差）的汇总数字。
- 自由度列包含有关自由度的信息，与组数和每个组内的单个观察值有关。
- 均方是组间和组内变异的度量（平方和除以它们各自的自由度）。
- F 统计量是组间与组内变化的比率，如果零假设为真，则约为 1。
- 显著性，即 p 值。

在实践中，大多数研究人员会直接查看显著性值，因为包含平方和、自由度、均方和 F 统计量的列都是计算所必需的，但很少需要单独解释。在 ANOVA 表中，低显著性值将导致拒绝均值相等的零假设，即不同教育水平之间的家庭收入是有差异的。

此外，因为本例不满足等方差的条件，必须使用调整后的 F 检验，也就是我们此前选择的韦尔奇和布朗-福塞斯检验，这两个检验分别显示了各组的均值和方差都存在显著差异，即不同教育水平的家庭收入是存在差异的。

最后，应牢记单因素方差分析的四个假设：
- 因变量是连续的。
- 比较两个或更多不同的组。
- 在自变量的每个类别中因变量是正态分布（正态性）。只要样本量较大（每组超过 50 个案例）并且相关测量在每次比较中具有相同的分布，单因素方差分析对于中度违反正态性假设是稳健的。
- 在自变量的每个类别中因变量都存在类似的变化（方差同质性）。只要组的样本量相似，单因素方差分析对于适度违反同质性假设是稳健的。

9.2 事后检验

事后检验通常仅在进行方差检验并且不同组之间存在差异之后，用于发现哪些组与其他组不同。通常，会使用不止一项事后检验，并对结果进行比较，以提供更多关于潜在均值差异的证据。

若要执行单因素方差分析的事后检验，可在单因素方差分析窗口中点击"事后比较"，如图 9.4 所示。

然后选择"邦弗伦尼"（Bonferroni）检验和"盖姆斯-豪厄尔"（Games-Howell）检验，如图 9.5 所示。

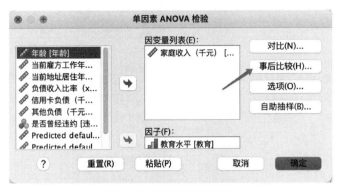

图 9.4　单因素方差分析

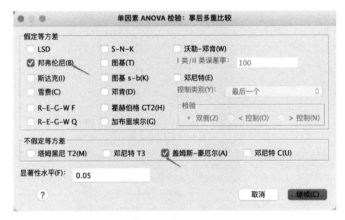

图 9.5　事后检验

事后检验有多种方法可供选择。理想的事后检验对 I 类（假阳性）错误严格控制，具有良好的统计功效（检测到真实总体差异的概率），并且对于违反假设（方差不齐、非正态误差分布）具有鲁棒性。不幸的是，不同的检验都存在一些隐含的折中。

然而，邦弗伦尼检验是目前最流行的事后检验之一。此过程基于加性不等式，因此每个成对测试的标准水平是通过将原始标准水平（例如 0.05）除以进行的成对比较的数量而获得的。大多数事后检验是在假设方差同质性和误差正态性的情况下得出的。而图 9.5 中的"不假定等方差"中的事后检验会针对组中的不等方差和样本大小进行调整。模拟研究表明，盖姆斯-豪厄尔（Games-Howell）可能比其他测试更强大，这是选择该检验的原因。

点击"继续"→"确定"，完成事后检验，结果如图 9.6 所示。

图 9.6 所示的多重比较表提供了所有成对比较。各行由每个可能的组合形成。平均值差值（I−J）列包含每对组合之间的样本平均差。如果在应用事后调

事后检验

多重比较

因变量：家庭收入（千元）

	(I) 教育水平	(J) 教育水平	平均值差值 (I-J)	标准 错误	显著性	95% 置信区间 下限	上限
邦弗伦尼	未完成高中	高中	-6.11623	3.00431	.421	-14.5716	2.3392
		大专	-22.18285*	4.11724	.000	-33.7705	-10.5952
		大学	-18.48957*	5.63050	.011	-34.3362	-2.6430
		研究生	-75.76304*	16.84718	.000	-123.1782	-28.3479
	高中	未完成高中	6.11623	3.00431	.421	-2.3392	14.5716
		大专	-16.06661*	4.45800	.003	-28.6133	-3.5199
		大学	-12.37334	5.88426	.358	-28.9342	4.1875
		研究生	-69.64681*	16.93368	.000	-117.3054	-21.9882
	大专	未完成高中	22.18285*	4.11724	.000	10.5952	33.7705
		高中	16.06661*	4.45800	.003	3.5199	28.6133
		大学	3.69327	6.52306	1.000	-14.6654	22.0520
		研究生	-53.58020*	17.16611	.019	-101.8930	-5.2674
	大学	未完成高中	18.48957*	5.63050	.011	2.6430	34.3362
		高中	12.37334	5.88426	.358	-4.1875	28.9342
		大专	-3.69327	6.52306	1.000	-22.0520	14.6654
		研究生	-57.27347*	17.59052	.012	-106.7807	-7.7663
	研究生	未完成高中	75.76304*	16.84718	.000	28.3479	123.1782
		高中	69.64681*	16.93368	.000	21.9882	117.3054
		大专	53.58020*	17.16611	.019	5.2674	101.8930
		大学	57.27347*	17.59052	.012	7.7663	106.7807
盖姆斯-豪厄尔	未完成高中	高中	-6.11623	2.58967	.128	-13.2078	.9753
		大专	-22.18285*	4.77075	.000	-35.3917	-8.9740
		大学	-18.48957	10.16775	.375	-47.2589	10.2798
		研究生	-75.76304	32.14986	.289	-218.3652	66.8391
	高中	未完成高中	6.11623	2.58967	.128	-.9753	13.2078
		大专	-16.06661*	4.99594	.014	-29.8672	-2.2661

图 9.6 多重比较

整后此差异在指定水平上具有统计显著性，则在均值差异旁边会出现一个星号（*）。

检验的实际显著性值出现在显著性列。此外，每个平均差的标准错误和 95% 置信区间提供了有关估计平均差的精度信息。如果均值差异不显著，则置信区间包括 0。

另需注意，每个成对的比较会出现两次。对于每个这样的重复对，显著性值相同，但均值差和置信区间值的符号相反。

第10章
非参数检验

参数检验（例如 t 检验、ANOVA、Pearson 相关性和线性回归）会对数据做出若干假设。这些检验通常假设连续变量服从正态分布，并且方差在分组或因子变量的类别内是相等的（方差同质性）。如果违反了这些假设，则测试结果是有疑问且不可靠的。

幸运的是，还有其他选择。非参数检验对数据的假设更少。当不满足重要的分布假设时，非参数检验能够确定数据中是否存在关系。

非参数检验具有下列特点：

- 不要求数据服从特定的分布，因而可用于数据分布未知的情形。
- 与参数检验相比，检验效能通常较低。非参数检验可能需要更大的样本量才能检测到相同大小的差异，因而通常在样本量较小时使用。
- 异常值对结果的影响相对较小，在处理包含异常值的数据时更加稳健。

当统计数据中使用"非参数"一词时，并不意味着我们对总体一无所知，而是意味着总体数据不是正态分布。当数据不是正态分布，或者不确定分布是不是正态分布，可以使用非参数检验，例如柯尔莫戈洛夫-斯米诺夫检验（K-S 检验）和威尔科克森符号秩检验（Wilcoxon Rank-Sum Test）等。

10.1 单样本非参数检验

本节使用 bankloan 数据集，对两个或多个独立样本进行非参数检验。点击"分析"→"非参数检验"→"单样本"。在单样本非参数检验的窗口（图 10.1）的目标选项中，可以看到 3 个可选的目标，以及相关描述。

点击"字段"选项，可以选择数据中需要检验的字段，如图 10.2 所示。

在"设置"选项（图 10.3）中，我们可进行相关设置，例如对缺失值进行处理，设置显著性水平，还可以选择要使用的假设检验方法。

这里做一个简单的小结，让读者了解何种情况下使用什么检验：

- 二项检验：可用于检验一个 2 分类变量是否满足某一分布。例如检验抛硬币正面朝上和背面朝上的概率是不是都等于 0.5。
- 卡方检验：可用于检验一个多分类变量是否满足某一分布。例如检验教育水平的类别是不是以相同概率出现。
- 柯尔莫戈洛夫-斯米诺夫检验：用于检验数值变量是否满足某一分布。例如检验人群的收入是否满足正态分布。
- 威尔科克森符号秩检验：用于检验中位数是否等于某个值。

第10章 非参数检验

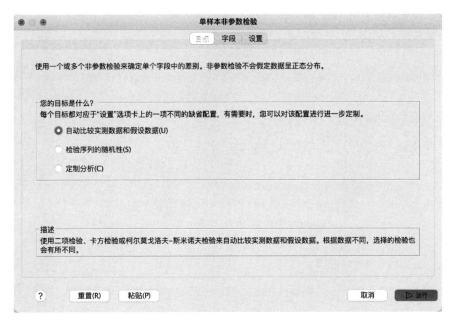

图 10.1 单样本非参数检验-目标

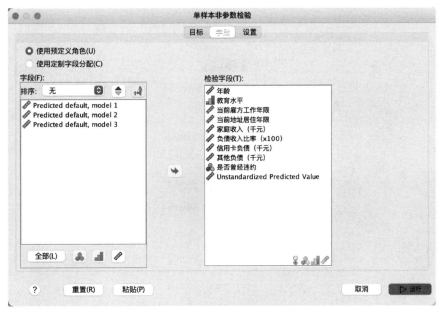

图 10.2 单样本非参数检验-字段

- 游程检验：用于检验序列是否随机。例如检验残差是否满足正态分布。这里保持默认的"根据数据类型自动选择检验"。点击"运行"，即可得到有关变量的假设检验。由于输出结果非常多，我们以第一个检验为例。首先查看假设检验摘要，如图 10.4 所示。

图 10.3　单样本非参数检验-设置

假设检验摘要

	原假设	检验	显著性	决策
1	教育水平 的类别以同等概率出现。	单样本卡方检验	.000	拒绝原假设。
2	是否曾经违约 = 是 和 否 所定义的类别的出现概率为 .500 和 .500。	单样本二项检验	.000	拒绝原假设。
3	年龄 的分布为正态分布，平均值为 35，标准差为 8.041。	单样本柯尔莫戈洛夫-斯米诺夫检验	.000[a]	拒绝原假设。
4	当前雇方工作年限 的分布为正态分布，平均值为 9，标准差为 6.778。	单样本柯尔莫戈洛夫-斯米诺夫检验	.000[a]	拒绝原假设。
5	当前地址居住年限 的分布为正态分布，平均值为 8，标准差为 6.895。	单样本柯尔莫戈洛夫-斯米诺夫检验	.000[a]	拒绝原假设。
6	家庭收入（千元） 的分布为正态分布，平均值为 46.68，标准差为 38.54305。	单样本柯尔莫戈洛夫-斯米诺夫检验	.000[a]	拒绝原假设。
7	负债收入比率（x100） 的分布为正态分布，平均值为 10.17，标准差为 6.71944。	单样本柯尔莫戈洛夫-斯米诺夫检验	.000[a]	拒绝原假设。
8	信用卡负债（千元） 的分布为正态分布，平均值为 1.58，标准差为 2.12584。	单样本柯尔莫戈洛夫-斯米诺夫检验	.000[a]	拒绝原假设。
9	其他负债（千元） 的分布为正态分布，平均值为 3.08，标准差为 3.39880。	单样本柯尔莫戈洛夫-斯米诺夫检验	.000[a]	拒绝原假设。
10	Unstandardized Predicted Value 的分布为正态分布，平均值为 46.67529，标准差为 27.39241977。	单样本柯尔莫戈洛夫-斯米诺夫检验	.000[a]	拒绝原假设。

显示了渐进显著性。显著性水平为 .050。

a. 里利氏修正后

图 10.4　假设检验摘要

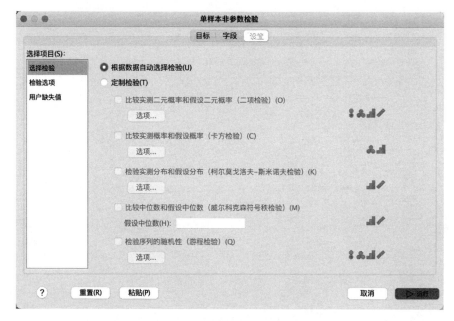

假设检验摘要显示出了零假设、检验方法、显著性水平和决策结果。从图10.4中还可以观察出，连续变量基本上都不满足正态分布。需要注意的是，这些零假设是可以进行调整的，可以重新打开非参数检验窗口在"设置"选项卡勾选"定制检验"并进行相应设置。

关于各个假设检验的详细信息，如图10.5所示（以第一个假设检验为例）。

教育水平的单样本卡方检验摘要中显示出数据集样本量、统计量、自由度、显著性水平等信息。另外，分析结果还给出了有关实际数据和假设数据的直方图，从图中也可以清楚观察到，数据并不满足假设。

除了可以使用单样本的参数检验分析某一个变量，还可以使用独立样本的非参数检验和相关样本的非参数检验。

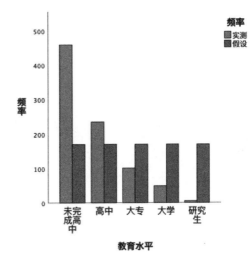

图 10.5　检验结果

10.2　独立样本非参数检验

独立样本非参数检验在数据分布未知或不满足参数检验假设时非常有用。通过选择合适的非参数检验方法，可以有效地比较两组或多组独立样本的分布差异。

本例使用 bankloan 数据集，我们想要分析用户违约和用户未违约两个人群中的家庭收入的分布是不是一样的。首先点击"分析"→"非参数检验"→"独立样本"，将出现与单样本非参数检验类似的窗口，如图10.6所示。

默认情况下是比较分布，这里无需调整。点击"字段"选项，然后将"是否曾经违约"设置为"组"，将"家庭收入"设置为"检验字段"，如图 10.7 所示。

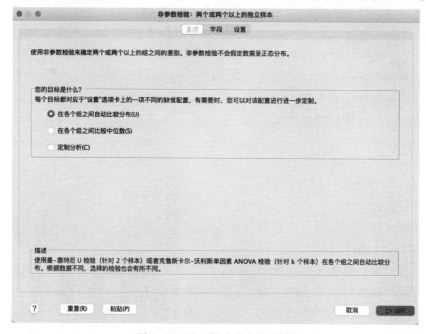

图 10.6　独立样本非参数检验

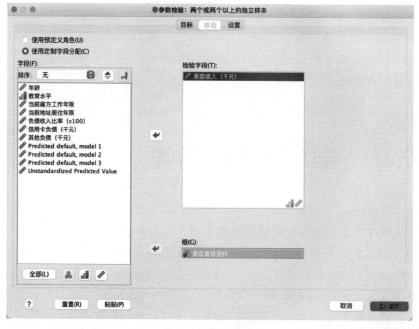

图 10.7　设置字段

接着点击"运行",即可完成检验。查看检验结果,如图10.8所示。

	原假设	检验	显著性	决策
1	在 是否曾经违约 的类别中,家庭收入(千元)的分布相同。	独立样本曼-惠特尼 U 检验	.000	拒绝原假设。

显示了渐进显著性。显著性水平为.050。

独立样本曼-惠特尼 U 检验

不同 是否曾经违约 的 家庭收入(千元)

独立样本曼-惠特尼 U 检验摘要

总计 N	700
曼-惠特尼 U	37828.500
威尔科克森 W	54664.500
检验统计	37828.500
标准误差	2350.432
标准化检验统计	-4.032
渐进显著性(双侧检验)	.000

图 10.8　假设检验摘要

图 10.8 显示出了非参数检验的摘要信息。显著性水平非常小,因此拒绝零假设,即认为违约和非违约人群的家庭收入分布是不相等的。

对此,输出结果中可视化结果也能说明这一问题,如图 10.9 所示。

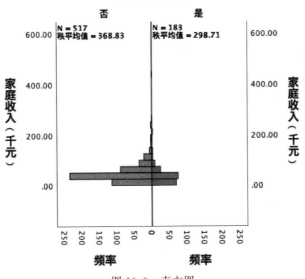

图 10.9　直方图

本例默认使用的是曼-惠特尼 U 检验。如需要使用其他方法,还可以在独立样本的非参数检验窗口进行定制设置。

10.3 相关样本非参数检验

相关样本的非参数检验和配对样本的 t 检验类似，是检验样本在两个不同条件或时间点下是否存在差异。在下一个例子中，我们使用 Employee data 数据集（见配书资源），该数据集描述了人们的工资变化。数据集可以从该书的附件中获取。我们进行相关样本的非参数检验，点击"分析"→"非参数检验"→"相关样本"。相关样本的非参数检验窗口如图 10.10 所示。

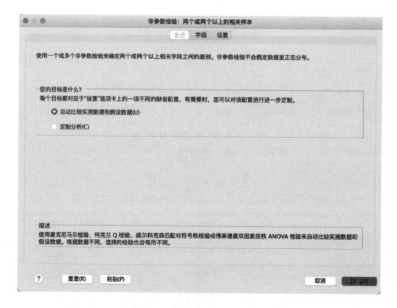

图 10.10　相关样本非参数检验

点击"字段"选项，然后选择"Current Salary"和"Beginning Salary"作为检验字段，如图 10.11 所示。

接着点击"继续"，即可完成分析。假设检验结果摘要如图 10.12 所示。

从结果中看出，默认使用的是相关样本威尔科克森符号秩检验，零假设是 Current Salary 与 Beginning Salary 之间的差值的中位数等于 0。由于 p 值非常小，因此拒绝零假设。输出结果还包括 Current Salary 与 Beginning Salary 差值的分布，如图 10.13 所示。

需要注意的是，SPSS 默认对中位数进行检验，如果期望检验分布，则需要

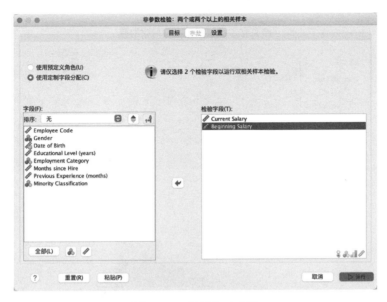

图 10.11　设置检验字段

图 10.12　假设检验摘要

在通过非参数检验的设置中选择所需的分析方法。例如选择"傅莱德曼双因素按秩 ANOVA 检验",如图 10.14 所示。

最后点击"运行",即可完成关于数据的假设检验。假设检验的结果如图 10.15 所示。

从结果中可以观察到,p 值非常小,因此检验拒绝了零假设,认为二者分布不相同。

图 10.13　差值的分布

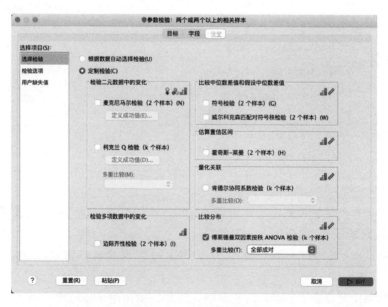

图 10.14　设置检验方法

假设检验摘要

	原假设	检验	显著性	决策
1	Current Salary and Beginning Salary 的分布相同。	相关样本傅莱德曼双向按秩方差分析	.000	拒绝原假设。

显示了渐进显著性。显著性水平为 .050。

相关样本傅莱德曼双向按秩方差分析

Current Salary, Beginning Salary

相关样本傅莱德曼双向按秩方差分析摘要

总计 N	474
检验统计	474.000[a]
自由度	1
渐进显著性（双侧检验）	.000

a. 由于检验字段不足 3 个，因此未执行多重比较。

图 10.15　非参数检验结果

第11章
常用统计机器学习模型

在对数据进行探索分析之后，我们经常期望构建一个模型，来帮助我们来进行预测。例如我们收集不同鸟类的图片数据，即可根据这些图片数据构建一个鸟类分类模型。构建好模型之后，当我们拍了一张鸟的照片，就可以使用模型，让模型推理出图片中鸟的种类。

虽然模型可以非常强大，但并不意味着模型就是万能的。例如，在我们构建鸟类图片分类模型的时候，首先需要告诉模型不同图片中是哪种鸟，模型才能构建，模型很难自己去定义问题，所以在构建模型的过程中，人的参与是必不可少的。

另外，模型的好坏不仅取决于问题的定义，还取决于原始数据的质量，数据处理得好坏，特征的分析，参数的调整等。

11.1 逻辑回归

逻辑回归（logistic regression）模型是线性回归模型的一个衍生，是为了解决回归模型所无法解决的分类问题而诞生的。逻辑回归模型通过将线性回归的输出以一个非线性函数（通常是 Sigmoid 函数）进行转换，将输出值映射到（0,1）区间，从而预测样本属于某一类别的概率。最重要的一点是，逻辑回归的预测能力通常很不错。

通常情况下，逻辑回归可以解决二分类问题，而且只要对逻辑回归进行一些调整，就可以使用它解决多分类问题，例如：

- 直接对每个类别都建立一个二分类器，带有这个类别的样本标记为 1，带有其他类别的样本标记为 0。假如有 k 个类别，最后就得到了 k 个针对不同标记的普通的 logistic 二分类器。

- 修改 logistic 回归的损失函数，让其适应多分类问题。这个损失函数不再笼统地只考虑二分类非 1 就 0 的损失，而是具体考虑每个样本标记的损失。这种方法叫作 softmax 回归。

本节中，我们尝试使用逻辑回归解决二分类问题。本例继续使用 bankloan 数据集。首先需要点击"分析"→"回归"→"二元 Logistic"。打开逻辑回归窗口后，将"违约"设置成为"因变量"，将其他变量设置成为"协变量"，如图 11.1 所示。

接着点击"保存"按钮，勾选"概率"和"组成员"，如图 11.2 所示。此处勾选概率和组成员是为了后续分析模型，如果没有勾选，那么预测结果不会添加到数据集中。

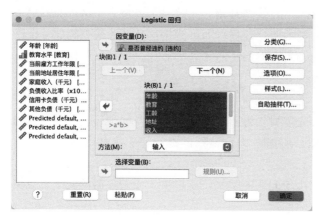

图 11.1 逻辑回归

图 11.2 设置保存预测值

接着点击"继续"→"确定",即可完成逻辑回归的构建。我们先查看数据集,如图 11.3 所示,逻辑回归模型的预测概率和类别已经添加到了数据集当中。

年龄	教育	工龄	地址	收入	负债率	信用卡负债	其他负债	违约	preddef1	preddef2	preddef3	PRE_1	PGR_1
41	3	17	12	176.00	9.30	11.36	5.01	1	.80839	.78864	.21304	.73448	1
27	1	10	6	31.00	17.30	1.36	4.00	0	.19830	.12845	.43690	.14879	0
40	1	15	14	55.00	5.50	.86	2.17	0	.01004	.00299	.14102	.00769	0
41	1	15	14	120.00	2.90	2.66	.82	0	.02214	.01027	.10442	.01084	0
24	2	2	0	28.00	17.30	1.79	3.06	1	.78159	.73788	.43690	.76343	1
41	2	5	6	25.00	10.20	.39	2.16	0	.21671	.32819	.23358	.28406	0

图 11.3 逻辑回归预测结果

接下来查看逻辑回归模型的结果,首先查看模型系数检验,如图 11.4 所示。p 值非常小,说明模型在统计上是显著的。

然后查看模型摘要,如图 11.5 所示。从结果中可以看到,R 方不算高。

模型系数的 Omnibus 检验

		卡方	自由度	显著性
步骤 1	步骤	252.695	8	.000
	块	252.695	8	.000
	模型	252.695	8	.000

图 11.4 模型系数检验

模型摘要

步骤	-2 对数似然	考克斯—斯奈尔 R 方	内戈尔科 R 方
1	551.669[a]	.303	.444

a. 由于参数估算值的变化不足 .001,因此估算在第 6 次迭代时终止。

图 11.5 模型摘要

分类表显示了模型的预测结果,如图 11.6 所示。从结果中可以看到,整体的正确率为 80%。

分类表[a]

			预测		
			是否曾经违约		
	实测		否	是	正确百分比
步骤 1	是否曾经违约	否	472	45	91.3
		是	90	93	50.8
	总体百分比				80.7

a. 分界值为 .500

图 11.6 分类表

最后，查看模型的变量情况，如图 11.7 所示。

方程中的变量

		B	标准误差	瓦尔德	自由度	显著性	Exp(B)
步骤 1ª	年龄	.034	.017	3.924	1	.048	1.035
	教育水平	.091	.123	.542	1	.462	1.095
	当前雇方工作年限	-.258	.033	60.645	1	.000	.772
	当前地址居住年限	-.105	.023	20.442	1	.000	.900
	家庭收入（千元）	-.009	.008	1.159	1	.282	.991
	负债收入比率 (x100)	.067	.031	4.863	1	.027	1.070
	信用卡负债（千元）	.626	.113	30.742	1	.000	1.869
	其他负债（千元）	.063	.077	.655	1	.418	1.065
	常量	-1.554	.619	6.294	1	.012	.211

a. 在步骤 1 输入的变量：年龄，教育水平，当前雇方工作年限，当前地址居住年限，家庭收入（千元），负债收入比率 (x100)，信用卡负债（千元），其他负债（千元）。

图 11.7　模型变量

图中显示出了各个变量的系数以及各个变量的显著性水平，从结果中可以看到，一些变量是不显著的，例如其他负债、家庭收入、教育水平。对于这些不显著的变量，可以尝试删除以重新构建模型。

我们打开逻辑回归窗口，删除不显著的变量以重新构建模型，如图 11.8 所示。

然后点击"保存"按钮，选择自己的文件路径后将模型保存，如图 11.9 所示。

图 11.8　重新构建逻辑回归

图 11.9　逻辑回归

重新构建逻辑回归模型后，我们再来看看其效果。首先查看分类表，如图 11.10 所示。可以观察到，整体的正确率稍有提升。

我们再查看模型变量，如图 11.11 所示。从结果可以看到，大部分变量都是显著的。

构建模型之后，很自然的想法是使用模型来预测新的数据集。接下来，我们

分类表[a]

	实测		预测		
			是否曾经违约		正确百分比
			否	是	
步骤 1	是否曾经违约	否	476	41	92.1
		是	89	94	51.4
	总体百分比				81.4

a. 分界值为 .500

图 11.10　分类表

方程中的变量

		B	标准误差	瓦尔德	自由度	显著性	Exp(B)
步骤 1[a]	年龄	.033	.017	3.594	1	.058	1.033
	当前雇方工作年限	-.261	.030	75.023	1	.000	.770
	当前地址居住年限	-.104	.023	20.157	1	.000	.902
	负债收入比率 (x100)	.089	.019	23.162	1	.000	1.093
	信用卡负债（千元）	.573	.087	43.101	1	.000	1.773
	常量	-1.631	.513	10.124	1	.001	.196

a. 在步骤 1 输入的变量：年龄，当前雇方工作年限，当前地址居住年限，负债收入比率 (x100)，信用卡负债（千元）。

图 11.11　变量结果

介绍如何使用构建好的模型来进行预测。

首先，导入预测数据集（这里依然使用的是 bankloan 数据集），点击菜单"实用程序"→"评分导向"，如图 11.12 所示。

在评分导向窗口中，选择刚刚保存的模型，如图 11.13 所示。

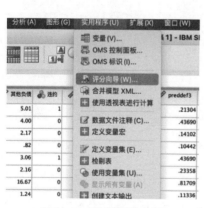

图 11.12　选择评分导向

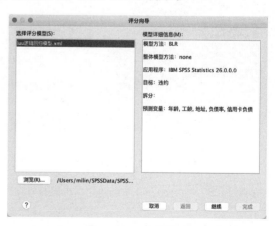

图 11.13　选择模型

点击"继续"，结果如图 11.14 所示。这一步保持默认即可。

点击"继续"进入下一步。如图 11.15 所示，在"所需类别的概率"中，我们需要设置这个概率是为正样本的概率还是负样本的概率。

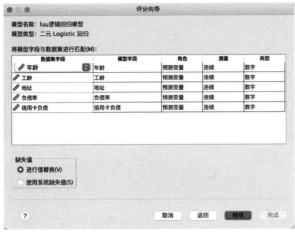

图 11.14　模型字段

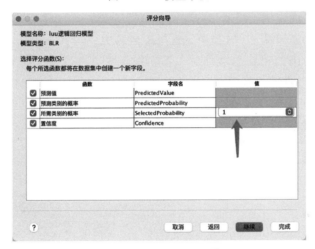

图 11.15　选择评分函数

接着点击“完成”，即可完成预测。查看预测结果，如图 11.16 所示。

年龄	教育	工龄	地址	收入	负债率	信用卡负债	其他负债	违约	preddef1	preddef2	preddef3	PredictedValue	PredictedProbability
41	3	17	12	176.00	9.30	11.36	5.01	1	.80839	.78864	.21304	1.00	.80
27	1	10	6	31.00	17.30	1.36	4.00	0	.19830	.12845	.43690	.00	.84
40	1	15	14	55.00	5.50	.86	2.17	0	.01004	.00299	.14102	.00	.99
41	1	15	14	120.00	2.90	2.66	.82	0	.02214	.01027	.10442	.00	.98
24	2	2	0	28.00	17.30	1.79	3.06	1	.78159	.73788	.43690	1.00	.77
41	2	5	5	25.00	10.20	.39	2.16	0	.21671	.32819	.23358	.00	.73
39	1	20	9	67.00	30.60	3.83	16.67	0	.18596	.17926	.81709	.00	.83
43	1	12	11	38.00	3.60	.13	1.24	0	.01471	.01057	.11336	.00	.98
24	1	3	4	19.00	24.40	1.36	3.28	1	.74804	.61944	.66390	1.00	.71

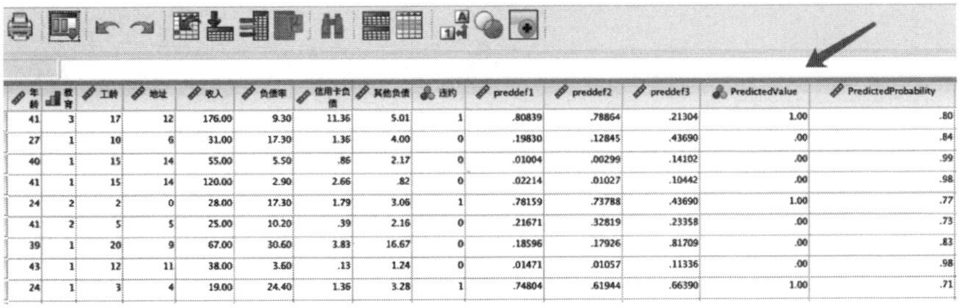

图 11.16　预测结果

以上便是使用构建好的模型预测新数据集的过程。需要注意的是，当我们使用其他模型对新数据集进行预测时，步骤也是类似的。

11.2 决策树

在 SPSS 当中，除了使用逻辑回归解决分类问题，还可以使用决策树等。这里继续介绍决策树模型。

决策树（decision tree）是一种用于分类和回归的非参数监督学习算法，其通过构建树状结构来预测目标变量。决策树模型通过递归地划分数据集，将数据分为多个子集，每个子集对应一个决策节点，最终形成叶节点，每个叶节点代表一个预测结果。决策树易于理解，能够处理各种类型的数据（包括分类和连续数据）等，因而广泛应用于机器学习和统计分析等领域。

接下来介绍如何在 SPSS 当中实现决策树算法。

本例继续使用 bankloan 数据集。首先打开决策树过程，点击"分析"→"分类"→"决策树"，进入决策树窗口，设置好因变量和自变量。我们这里选择"违约"作为"因变量"，使用其他变量作为"自变量"。在"生长法"处，我们可以选择使用什么方法构造决策树，这里选择"CRT"方法。具体的设置如图 11.17 所示。

需要注意的是，虽然本例使用决策树解决分类问题，但我们也可以使用决策树解决回归问题，只需要将数值变量设置为因变量即可。

决策树的一个优点是它可以创建易于理解的规则，想要创建规则，点击"输出"→"规

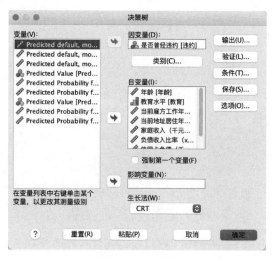

图 11.17 决策树

则"，如图 11.18 所示。这里勾选"生成分类规则"，并且勾选"简单文本"。如果需要将规则引用于数据库，还可以生成 SQL 规则。另外，如果需要的话，可以将规则保存为文件。

接着点击"继续"回到窗口，点击"验证"按钮。如果希望模型效果稳定，即避免过拟合和欠拟合，通常会选择"交叉验证"。由于交叉验证会导致建模时

间较长，作为练习，这里可选择拆分数据集为训练集和测试集，将 70% 的数据设置为训练集，将 30% 的数据设置成为测试集。如图 11.19 所示。

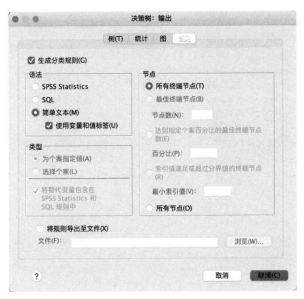

图 11.18　决策树：输出

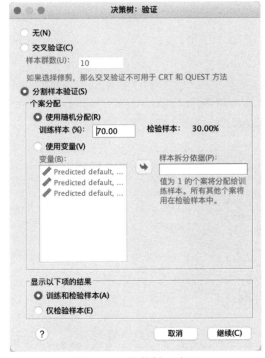

图 11.19　决策树：验证

点击"继续"再次回到窗口，点击"保存"按钮，如图 11.20 所示。可选择将"预测值""预测概率"添加到数据集当中，并且将决策树模型保存下来。

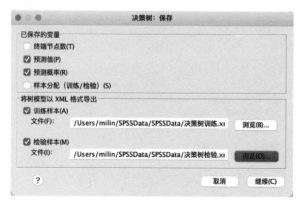

图 11.20　决策树：保存

最后点击"继续"→"确定"，完成决策树的构建。此后，预测值和预测概率将被添加到数据集当中。

首先看模型摘要，如图 11.21 所示。模型摘要显示了使用何种决策树模型，以及因变量、自变量、树深度和最终使用的自变量等信息。

下一步查看模型的分类结果，如图 11.22 所示。从整体来看，训练和检验的准确率都在 75% 左右。

此外，可以查看分类规则。由于规则比较长，只截取部分，如图 11.23 所示。

分类规则就是一系列条件判断。需要注意的是，构建决策树的过程中还有很多可供选择的设置，这里未能充分演示，读者可以自行尝试。

模型摘要

指定项	生长法	CRT
	因变量	是否曾经违约
	自变量	年龄，教育水平，当前雇方工作年限，当前地址居住年限，家庭收入（千元），负债收入比率（x100），信用卡负债（千元），其他负债（千元）
	验证	拆分样本
	最大树深度	5
	父节点中的最小个案数	100
	子节点中的最小个案数	50
结果	包括的自变量	负债收入比率（x100），其他负债（千元），信用卡负债（千元），年龄，当前雇方工作年限，家庭收入（千元），当前地址居住年限，教育水平
	节点数	5
	终端节点数	3
	深度	2

图 11.21　模型摘要

分类

样本	实测	预测 否	预测 是	正确百分比
训练	否	323	46	87.5%
	是	70	58	45.3%
	总体百分比	79.1%	20.9%	76.7%
检验	否	123	25	83.1%
	是	26	29	52.7%
	总体百分比	73.4%	26.6%	74.9%

生长法：CRT
因变量：是否曾经违约

图 11.22　分类结果

```
/* Node 3 */.
IF (((负债收入比率 (x100)  NOT MISSING   AND  (负债收入比率 (x100)  <= 14.75)) OR 负债收入比率 (x100)  IS MISSING   AND  ((其他负债 (千元)  NOT MISSING
THEN
        Node = 3
        Prediction = 0
        Probability = 0.634328

/* Node 4 */.
IF (((负债收入比率 (x100)  NOT MISSING   AND  (负债收入比率 (x100)  <= 14.75)) OR 负债收入比率 (x100)  IS MISSING   AND  ((其他负债 (千元)  NOT MISSING
THEN
        Node = 4
        Prediction = 0
        Probability = 0.918919

/* Node 2 */.
IF (((负债收入比率 (x100)  NOT MISSING   AND  (负债收入比率 (x100)  > 14.75)) OR 负债收入比率 (x100)  IS MISSING   AND  ((其他负债 (千元)  NOT MISSING
THEN
        Node = 2
        Prediction = 1
        Probability = 0.557692
```

图 11.23　分类规则

构建好模型之后，我们尝试使用所构建的决策树模型来预测新的数据集。准备好预测数据集后（这里作为演示，依然使用 bankloan 数据集），点击“实用程序”→“评分向导”，选择刚刚保存的决策树模型，然后进入如图 11.24 所示的界面。

这里取消掉“所需类别的概率”。最后点击“完成”，即可完成预测，预测结果如图 11.25 所示。

图 11.24　模型预测

	年龄	教育	工龄	地址	收入	负债率	信用卡负债	其他负债	违约	preddef1	preddef2	preddef3	PredictedValue	PredictedProbability	Confidence	NodeNumber
1	41	3	17	12	176.00	9.30	11.36	5.01	1	.80839	.78864	.21304	.00	.92	.92	4.00
2	27	1	10	6	31.00	17.30	1.36	4.00	0	.19830	.12845	.43690	1.00	.56	.56	2.00
3	40	1	15	14	55.00	5.50	.86	2.17	0	.01004	.00299	.14102	.00	.92	.92	4.00
4	41	1	15	14	120.00	2.90	2.66	.82	0	.02214	.01027	.10442	.00	.92	.92	4.00
5	24	2	2	0	28.00	17.30	1.79	3.06	1	.78159	.73788	.43690	1.00	.56	.56	2.00
6	41	2	5	5	25.00	10.20	.39	2.16	0	.21671	.32819	.23358	.00	.92	.92	4.00

图 11.25　预测结果

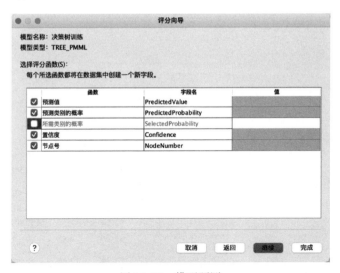

可以看到，预测值和预测概率等信息被添加到了数据集当中。

最后，尝试对预测结果进行分析。首先我们可以构建交叉表，点击"分析"→"描述统计"→"交叉表"，将真实值即"违约"设置为"行"，将"预测值"设置为"列"，如图11.26所示。

然后点击"格式"按钮，勾选"行""列"和"总计"，如图11.27所示。

最后点击"继续"→"确定"，最终结果如图11.28所示。

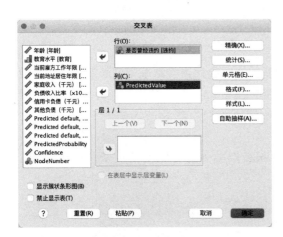

图11.26 交叉表　　　　　　　　　图11.27 交叉表

是否曾经违约 * PredictedValue 交叉表

			PredictedValue .00	PredictedValue 1.00	总计
是否曾经违约	否	计数	446	71	517
		占 是否曾经违约 的百分比	86.3%	13.7%	100.0%
		占 PredictedValue 的百分比	82.3%	44.9%	73.9%
		占总计的百分比	63.7%	10.1%	73.9%
	是	计数	96	87	183
		占 是否曾经违约 的百分比	52.5%	47.5%	100.0%
		占 PredictedValue 的百分比	17.7%	55.1%	26.1%
		占总计的百分比	13.7%	12.4%	26.1%
总计		计数	542	158	700
		占 是否曾经违约 的百分比	77.4%	22.6%	100.0%
		占 PredictedValue 的百分比	100.0%	100.0%	100.0%
		占总计的百分比	77.4%	22.6%	100.0%

图11.28 交叉表

从图11.28中我们可以清楚地看到模型的预测情况。例如一共有183条正样本，即违约用户数量为183，模型判断正确的数量为87，占比所有违约用户的47%。

从结果来看，模型效果如何呢？这个问题取决于我们的目标以及对于误判的容忍度，例如我们可能希望尽可能多地判断正确正样本（尽可能多抓坏人）还是希望尽可能少地判错负样本（尽可能避免错抓好人）。不同的场景有不同的答案，需要具体情况具体分析。

进一步，我们还可以绘制 ROC 分析曲线。点击"分析"→"分类"→"ROC 分析"，将预测值设置为"检验变量"；将真实值（违约）设置为"状态变量"，并将"状态变量值"设置为 1。具体设置如图 11.29 所示。

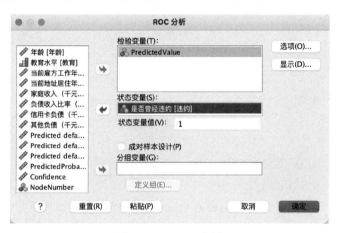

图 11.29　ROC 分析

接着点击"显示"按钮，结果如图 11.30 所示。这里我们勾选"总体模型质量"和"ROC 曲线的坐标点"。

然后点击"继续"→"确认"，完成分析。

对于分析结果，我们首先查看 ROC 曲线，如图 11.31 所示。

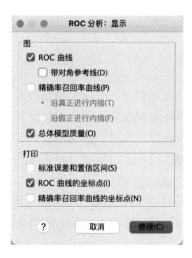

图 11.30　ROC 分析

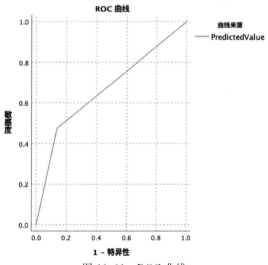

图 11.31　ROC 曲线

ROC 曲线下的区域	
检验结果变量	区域
PredictedValue	.669

检验结果变量 PredictedValue 至少有一个在正实际状态组与负实际状态组之间的绑定值。统计可能有偏差。

图 11.32　ROC 曲线

ROC 曲线越靠左上角说明模型效果越好，越接近对角线说明模型效果越差。同理，ROC 曲线下面的面积也常用于衡量模型效果，这个值被称为 AUC，数值越大说明模型效果越好。ROC 曲线下的区域提示了这一数据，如图 11.32 所示。

通常而言：

- AUC＝1，完美分类器（但不现实）。如果 AUC 为 1，需要检查哪里出了问题。
- AUC＝0.85～0.95，效果很好。通常也不会这么好，需要检查。
- AUC＝0.7～0.85，效果一般。大多数情况下模型 AUC 处于这个区间。
- AUC＝0.5～0.7，效果较低，勉强能用。有可能的话，需要进一步优化模型。
- AUC＝0.5，跟随机猜测一样，模型没有预测价值。
- AUC＜0.5，比随机猜测还差。但只需反预测而行，就优于随机猜测。

从结果来看我们的模型还有很多优化空间，可以尝试加入新的数据集、加入新的特征、做新的特征工程等以提高模型效果。

最后，SPSS 中可用于解决分类问题方法还有"判别式"和"最近邻元素"，这两种算法在 SPSS 中的实现与决策树的实现非常相似，这里就不一一介绍了，感兴趣的读者可以自行尝试构建这两种模型。

11.3　神经网络

神经网络模型是一种有监督模型，现在常说的深度学习，本质上也是神经网络模型。神经网络模型要求有充足的数据量，只有在数据量充足的时候，神经网络的效果才能充分发挥出来，例如图像识别、语音识别等场景。数据量比较小的时候，神经网络的模型效果也许不如逻辑回归模型。因此，对于数据量不大的项目，用逻辑回归模型建模也许就够了。

典型的神经网络一般有三部分：结构、激励函数、学习规则。结构指的是神经网络中的拓扑关系；激励函数用于神经元输入的加权以及产生输出；学习规则指的是神经网络求解的方法。

SPSS 提供了两种神经网络：多层感知器（multilayer perceptron，MLP）和

径向基函数（radial basis function）。径向基函数与多层感知器都是非线性多层前向网络，但是他们之间也有很多区别。

- 径向基函数网络只有一个隐层，而多层感知器的隐层可以是一层也可以是多层的。
- 多层感知器的隐层和输出层其神经元模型是一样的，而径向基函数网络的隐层神经元和输出层神经元不仅模型不同，而且在网络中起到的作用也不一样。
- 径向基函数网络的隐层是非线性的，输出层是线性的。然而，当用多层感知器解决模式分类问题时，它的隐层和输出层通常选为非线性的。当用多层感知器解决非线性回归问题时，通常选择线性输出层。
- 径向基函数网络的基函数计算的是输入向量和中心的欧氏距离，而多层感知器隐单元的激励函数计算的是输入单元和连接权值间的内积。

首先，让我们使用多层感知机构建一个模型。本例中，我们依然使用 bank-loan 数据集。将数据集导入到 SPSS 后，点击"分析→神经网络→多层感知器"。在多层感知器窗口中，我们首先设置因变量和自变量。将"是否曾经违约"设置为"因变量"，将"年龄""收入"等变量设置成为"因子"，其他保持默认，具体设置如图 11.33 所示。

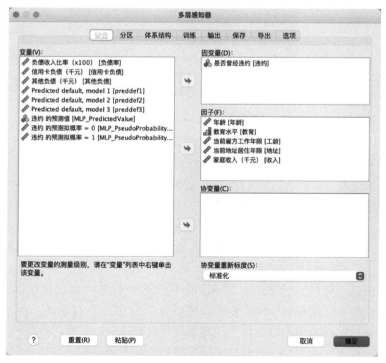

图 11.33　多层感知器

接着我们看下"分区"选项。在分区选项中，可以选择如何拆分训练数据集和测试数据集，如图 11.34 所示。默认情况下，70％的数据集用于训练模型，30％的数据用于测试模型，这是常见的划分比例，保持默认。

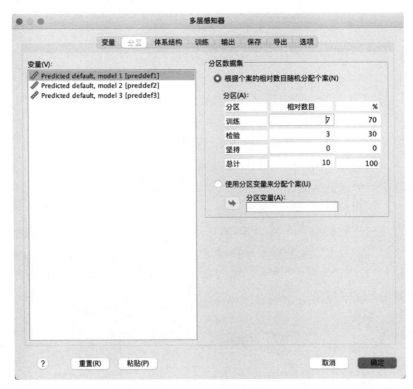

图 11.34　拆分数据集

在"体系结构"中（图 11.35）可以设置神经网络的结构。默认情况下，SPSS 会自动选择合适的结构，所以通常选择"自动选择"即可。但如果需要自定义神经网络结构，点击"定制体系结构"，然后根据自己的需要进行设置即可。

接下来设置"训练"，结果如图 11.36 所示。在这个窗口可对训练过程进行设置，例如选择优化算法、相关参数等。这里我们选择"梯度下降"作为优化算法。

设置"输出"，如图 11.37 所示。在这个窗口可以对模型的输出结果进行调整。

接着设置"保存"，如图 11.38 所示。这里我们勾选"保存每个因变量的预测值或类别"和"保存每个因变量的预测拟概率"，其他保持默认。

在"导出"选项中可以选择是否将模型导出到 XML 文件，而在"选项"可以进行其他设置，例如如何处理缺失值、模型的终止规则等，这里我们都保持默认。点击"确定"，SPSS 训练模型需要一定时间，可能需要稍等片刻。

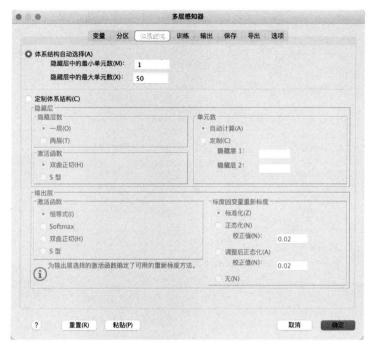

图 11.35 体系结构

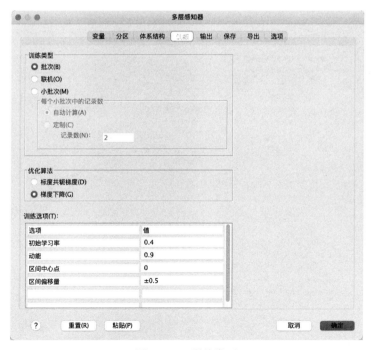

图 11.36 训练类型

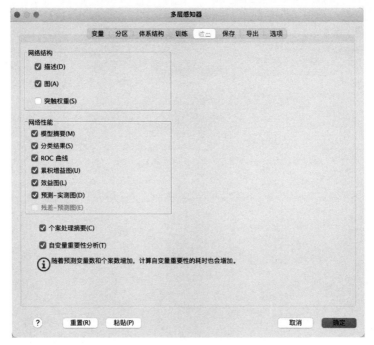

图 11.37 输出设置

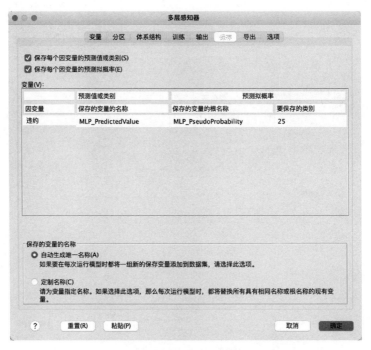

图 11.38 保存设置

由于我们勾选了保存每个因变量的预测值或类别和保存每个因变量的预测拟概率，数据集中会新增加两列，如图 11.39 所示。

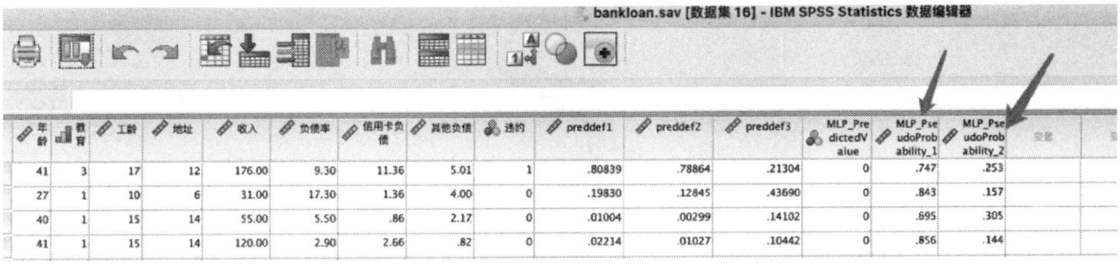

年龄	教育	工龄	地址	收入	负债率	信用卡负债	其他负债	违约	preddef1	preddef2	preddef3	MLP_PredictedValue	MLP_PseudoProbability_1	MLP_PseudoProbability_2
41	3	17	12	176.00	9.30	11.36	5.01	1	.80839	.78864	.21304	0	.747	.253
27	1	10	6	31.00	17.30	1.36	4.00	0	.19830	.12845	.43690	0	.843	.157
40	1	15	14	55.00	5.50	.86	2.17	0	.01004	.00299	.14102	0	.695	.305
41	1	15	14	120.00	2.90	2.66	.82	0	.02214	.01027	.10442	0	.856	.144

图 11.39　预测结果

接下来，我们查看模型摘要，如图 11.40 所示。从结果中可以看到，训练误差和检验误差都在 20%左右。

分类结果中则包含了模型预测的混淆矩阵，如图 11.41 所示。从结果中我们可以清楚地了解到，模型误判了多少数据，准确预测了多少数据等。

模型摘要

训练	交叉熵误差	222.486
	不正确预测百分比	20.4%
	使用的中止规则	误差在 1 个连续步骤中没有减小[a]
	训练时间	0:00:00.23
检验	交叉熵误差	110.303
	不正确预测百分比	23.9%

因变量：是否曾经违约

a. 误差计算基于检验样本。

图 11.40　模型摘要

分类

样本	实测	预测：否	预测：是	预测：正确百分比
训练	否	328	20	94.3%
	是	76	46	37.7%
	总体百分比	86.0%	14.0%	79.6%
检验	否	138	13	91.4%
	是	37	21	36.2%
	总体百分比	83.7%	16.3%	76.1%

因变量：是否曾经违约

图 11.41　分类结果

在“输出”选项中我们勾选了 ROC 曲线、效益图等，因此神经网络的输出结果也会输出这些图形。我们查看 ROC 曲线，如图 11.42 所示。ROC 曲线越靠左上角表明模型的效果越好，另外也可以通过曲线下方的区域（AUC）的大小判断，这个值越大说明效果越好。从结果可以看到，曲线下方的区域值为 0.76 左右，这说明模型还是不错的。

神经网络还可以获取变量的重要性，从而帮助我们了解哪些变量与预测目标变量相关性更强。变量重要性结果如图 11.43 所示。

可以看到，对于预测用户是否会违约最关键的变量是当前雇方工作年限，其次是当前地址居住年限。虽然相关性不等于因果（不能说因为某用户工龄长，所以他不会违约），但是这些信息毫无疑问能够帮助我们更加深刻地理解事物中的关联。

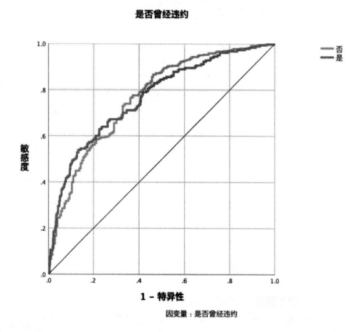

图 11.42 ROC 曲线

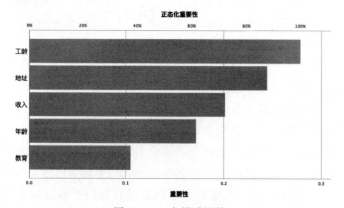

图 11.43 变量重要性

除了分类问题，神经网络也可以解决回归问题，只需将一个数值变量设置为因变量即可。对此，我们可使用径向基函数过程构建一个回归模型，点击"分析→神经网络→径向基函数"，出现新的窗口和多层感知器的窗口非常相似。如图 11.44 所示。

在这里我们要构建回归模型，因此选择"家庭收入"作为"因变量"，将"年龄""教育水平""工龄"和"地址"设置为"因子"。

然后在输出中勾选"实测图"和"预测图"，如图 11.45 所示。需要注意的是，因为这个例子中因变量是数值变量，因此 ROC 等选项不可选。

接着点击"保存"，勾选"保存每个因变量的预测值或类别"，其他保持默认，如图 11.46 所示。

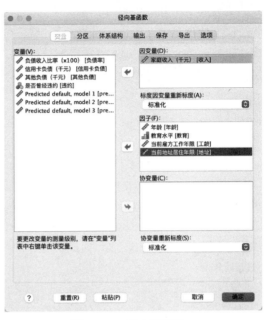

图 11.44 径向基函数

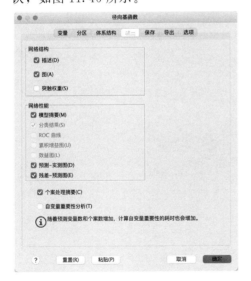

图 11.45 输出设置

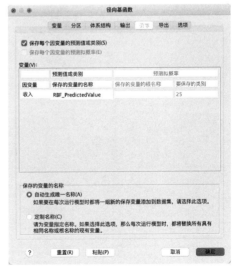

图 11.46 保存设置

点击"确定"便可构建神经网络。我们直接查看模型摘要，如图 11.47 所示。模型摘要显示出了误差信息，从这里可以看到有趣的一点是训练的平方和误差比检验的平方和误差要高。

这里的例子中并没有对模型参数进行详细调整,事实上,大多数情况下使用默认即可,SPSS 会自动地进行设置。但是,当读者熟悉神经网络之后,可以尝试自行进行更为细致的调整。

模型摘要

训练	平方和误差	209.926
	相对误差	.733
	训练时间	0:00:05.70
检验	平方和误差	51.573[a]
	相对误差	.777

因变量:家庭收入(千元)

a. 隐藏单元数由检验数据准则确定:隐藏单元的"最佳"数目是指在检验数据中产生误差最小的数目。

图 11.47　模型摘要

第12章
聚类分析

聚类模型的基本思想是物以类聚，也就是说相似的样本会被归为一类。因此，聚类分析的一个关键点是如何去衡量数据间的相似性。

在 SPSS 中，有 4 种聚类方法，分别是：二阶聚类、K 均值聚类、系统聚类、聚类轮廓。本章主要介绍二阶聚类、K 均值聚类。

12.1 二阶聚类

聚类模型的关键点之一是计算样本之间的相似性，例如一个常见的相似性度量即欧几里得距离。对于连续变量，我们可以很容易地计算距离，而现实中，聚类变量可能是连续数据，也可能是类别数据。大多数聚类方法通常只能处理数值变量的聚类，而二阶聚类法则可以完美解决这个问题。

我们使用 bankloan 数据集作为示例构建聚类，将数据集导入 SPSS，然后点击"分析"→"分类"→"二阶聚类"，在二阶聚类分析窗口中设置需要聚类的变量，将"教育水平"设置为"分类变量"，将"年龄"等变量拖拽到"连续变量"，如图 12.1 所示。

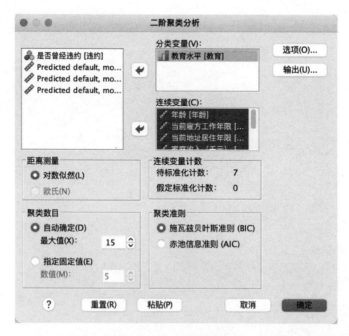

图 12.1　二阶聚类分析

需要注意的是，我们可以手动设置聚类数目，但不建议这么做，除非能够确认聚类数目就是某一个数字，否则还是选择自动确定聚类数目。自动确定将使用在"聚类准则"组中指定的准则，自动确定"最好"的聚类数。

另外，这里提供了两种距离。对数相似性假设连续变量是正态分布，而假设分类变量是多项分布；假设所有变量均是独立的。欧几里得距离测量是两个聚类之间的"直线"距离，它只能用于所有变量连续的情况。

确定并完成分析之后，聚类结果的标签将被添加到原始的数据集当中

接下来，我们查看聚类模型的详细结果。双击"模型摘要"打开模型查看器，如图 12.2 所示。

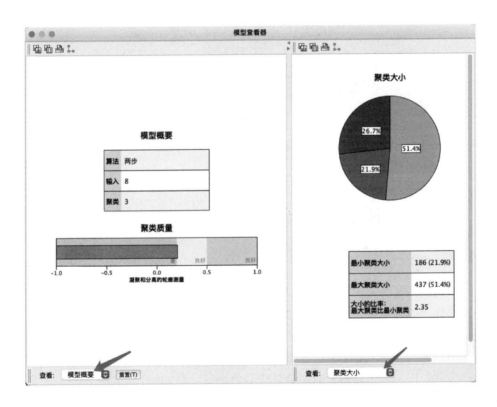

图 12.2　模型查看器

从聚类质量可以了解到，模型效果不是很好。另外，我们还可以查看不同的结果，例如分别选择查看"聚类"和"预测变量重要性"，如图 12.3 所示。

从结果可以看到，聚类模型将数据分成了三类，教育水平对于聚类结果的影响最大。

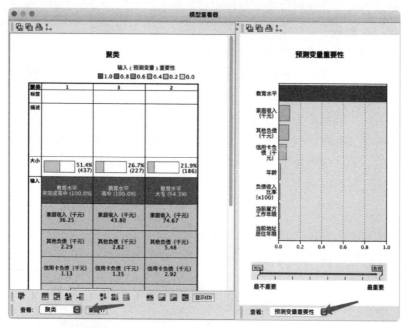

图 12.3　聚类情况和预测变量重要性

K 均值聚类

K 均值聚类算法的主要思想是：通过迭代优化簇中心（centroid）的位置，以最小化簇内样本与簇中心的平方误差，从而实现分类。因为 K 均值聚类找到的是局部最优而不是全局最优，所获得的结果将取决于初始随机簇分配。因此，从不同的随机初始配置中多次运行算法至关重要。

另外，K 均值聚类通常只适合处理数值变量，但 SPSS 提供的 K 均值聚类其实可以处理分类变量。

本节使用 bankloan 数据集，首先将数据集导入 SPSS，然后点击"分析→分类→K 均值聚类模型"。在 K 均值聚类分析窗口中，我们将"年龄"等变量拖拽到变量中，如图 12.4 所示。

需要注意的是，在"个案标注依据"内可以选择使用某个变量标注聚类结果。

点击"保存"按钮，勾选需保存的新变量，如图 12.5 所示。

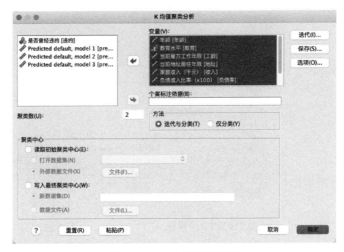

图 12.4　K 均值聚类分析

然后点击"继续"→"确定",运行 K 均值聚类分析。对于生成的结果,首先查看初始聚类中心,如图 12.6 所示。

默认情况下,SPSS 会自动地定义聚类中心。如果有需要也可以在 K 均值聚类窗口中选择"读取初始聚类中心"来选择初始聚类中心。

如图 12.7 所示,迭代历史记录显示了聚类模型的具体迭代过程。更多的迭代次数,可以达到更优的结果。本例聚类结果迭代了 10 次,如果有需要可以设置更多的迭代次数,通过点击"迭代"进行设置。

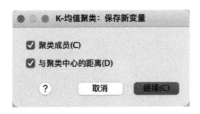

图 12.5　保存新变量

初始聚类中心

	聚类 1	聚类 2
年龄	43	23
教育水平	4	1
当前雇方工作年限	18	3
当前地址居住年限	14	4
家庭收入(千元)	446.00	13.00
负债收入比率(x100)	6.50	3.10
信用卡负债(千元)	16.03	.05
其他负债(千元)	12.96	.36

图 12.6　初始聚类中心

迭代历史记录[a]

迭代	聚类中心中的变动 1	2
1	162.960	35.180
2	47.964	1.388
3	29.410	1.037
4	20.730	.992
5	21.559	1.455
6	10.273	.850
7	6.685	.634
8	4.447	.445
9	2.766	.288
10	2.608	.274

a. 由于已达到最大迭代执行次数,因此迭代已停止。迭代未能收敛。任何中心的最大绝对坐标变动为 2.527。当前迭代为 10。初始中心之间的最小距离为 434.337。

图 12.7　迭代历史记录

最后，我们可以查看最终聚类的中心和聚类的案例数目，如图12.8所示。

最终聚类中心

	聚类	
	1	2
年龄	44	34
教育水平	2	2
当前雇方工作年限	19	7
当前地址居住年限	13	8
家庭收入（千元）	136.52	37.08
负债收入比率（x100）	9.23	10.27
信用卡负债（千元）	4.17	1.30
其他负债（千元）	8.08	2.55

每个聚类中的个案数目

聚类	1	82.000
	2	768.000
有效		850.000
缺失		.000

图12.8　最终聚类中心

在SPSS中还有两种聚类方法，分别是系统聚类和轮廓聚类。在SPSS中实现这两种聚类的方法和上文介绍的聚类方法的实现非常相似，读者可以自行构建这两种模型，这里就不一一介绍了。

第13章
生存分析

生存分析是统计学中非常重要的一个分支，最早可追溯至19世纪的死亡寿命表。从本质上来讲，生存分析是研究被观察对象会在何时发生某个事件的问题，任何可以归类为这种问题的场景，都可以使用生存分析。也正是如此，生存分析如今已广泛应用于医学、生物学、工程学、社会科学和商业领域。

关于生存分析，有几个核心概念需要简单了解：

- 生存函数（survival function）：患者、设备或其他感兴趣对象在任何给定的指定时间内存活的概率的函数。生存函数的定义是在 t 时间内事物没有发生某事件的概率。
- 风险函数（hazard function）：事物能够在某个时间点存活的概率。
- 删失数据（censored data）：研究某事物的观察过程中，对于该对象生存时间没有被完全观测到，因此造成了生存数据不完整的现象。

在 SPSS 中，有 4 个有关生存分析的过程，分别是：寿命表、Kaplan-Meier、Cox 回归、含依时协变量的 Cox 回归。本章会介绍前三种生存分析过程。

13.1 寿命表

在本节，我们使用 lung 数据集（见配书资源），该数据集描述了肺病患者的治疗数据，其中有下列字段：

- inst：机构的代码。
- time：生存的时间，单位是天。
- status：1 表示没有死亡，2 表示死亡。
- age：年龄。
- sex：1 表示男性，2 表示女性。
- ph.ecog：表现分数，0 表示最好，5 表示最糟。
- ph.karno：医生评价的 Karnofsky 评分 0 表示死亡，100 表示最好。
- pat.karno：患者评价的 Karnofsky 评分 0 表示死亡，100 表示最好。
- meal.cal：用餐摄入的卡路里。
- wt.loss：最近六个月下降的体重，单位是磅。

这一份数据集不需要进行进一步的处理，可以直接使用。我们首先将 lung 数据集导入 SPSS，打开 lung.csv 数据集后，对数据集进行探索，点击"分析"→"报告"→"个案摘要"。在个案摘要窗口中选择所有的变量，并将"将个案限制为前"设置为 10，如图 13.1 所示。

接着点击"统计",选择所有的统计量,如图 13.2 所示。

点击"继续"→"确定",然后查看分析结果,如图 13.3 所示。

图 13.1 个案摘要

图 13.2 统计设置

个案摘要[a]

		inst	time	status	age	sex	ph.ecog	ph.karno	pat.karno	meal.cal	wt.loss
1		3	306	2	74	1	1	90	100	1175	NA
2		3	455	2	68	1	0	90	90	1225	15
3		3	1010	1	56	1	0	90	90	NA	15
4		5	210	2	57	1	1	90	60	1150	11
5		1	883	2	60	1	0	100	90	NA	0
6		12	1022	1	74	1	1	50	80	513	0
7		7	310	2	68	2	2	70	60	384	10
8		11	361	2	71	2	2	60	80	538	1
9		1	218	2	53	1	1	70	80	825	16
10		7	166	2	61	1	2	70	70	271	34
总计	个案数	10	10	10	10	10	10	10	10	10	10
	平均值	5.30	494.10	1.80	64.20	1.20	1.00	78.00	80.00		
	中位数	4.00	335.50	2.00	64.50	1.00	1.00	80.00	80.00		
	分组中位数	4.50	335.50	1.80	63.33	1.20	1.00	78.57	81.67		
	平均值标准误差	1.230	107.971	.133	2.449	.133	.258	5.121	4.216		
	总和	53	4941	18	642	12	10	780	800		
	最小值	1	166	1	53	1	0	50	60	1150	0
	最大值	12	1022	2	74	2	2	100	100	NA	NA
	范围	11	856	1	21	1	2	50	40		
	前	3	306	2	74	1	1	90	100	1175	NA
	后	7	166	2	61	1	2	70	70	271	34
	标准 偏差	3.889	341.433	.422	7.743	.422	.816	16.193	13.333		
	方差	15.122	116576.322	.178	59.956	.178	.667	262.222	177.778		
	峰度	-.660	-1.159	1.406	-1.646	1.406	-1.393	-1.009	-.748		
	峰度标准误差	1.334	1.334	1.334	1.334	1.334	1.334	1.334	1.334		
	偏度	.709	.868	-1.779	-.039	1.779	.000	-.385	-.352		
	偏度标准误差	.687	.687	.687	.687	.687	.687	.687	.687		
	调和平均值	2.73	334.05	1.67	63.35	1.11	[b]	74.64	77.85		
	几何平均值	3.93	401.15	1.74	63.78	1.15	.00	76.37	78.95		

a. 限于前 10 个个案。
b. 数据同时包含负值和正值,并可能包含零值。

图 13.3 个案摘要结果

从图 13.3 中可以看到,time 变量最大值为 1022,最小值为 166。接着我们点击"分析"→"生存分析"→"寿命表"。点击之后,出现的新窗口如图 13.4 所示。

首先需要设置时间。对于生存分析,数据集中总是有一个时间,表示样本

图 13.4 寿命表（1）

"存活了"多久，这里将"time"拖拽到"时间"处。接着需要设置时间间隔，需要设置最大值，time 变量的最大值是 1022，这里可以设置为 1100，第二个空格填写 10，表示时间间隔。然后将"status"设置为"状态"。设置结果如图 13.5 所示。

接下来还需要定义事件，目的是指定哪个值表示死亡。status 变量中 2 表示死亡，这里便设置单值为 2，如图 13.6 所示。

图 13.5 寿命表（2）

图 13.6 寿命表（3）

点击"继续"后点击"选项"按钮,选择绘制"生存分析"图,如图 13.7 所示。

接着点击"继续"→"确定",完成分析。这部分结果比较长,这里只截取了一部分内容。查看寿命表,如图 13.8 所示。

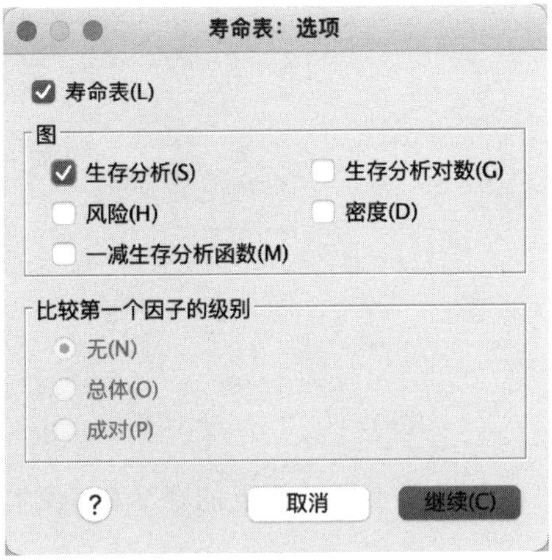

图 13.7 选择生存分析

生存分析分析

生存分析变量: time

寿命表ᵃ

时间间隔开始时间	进入时间间隔的数目	时间间隔内撤销的数目	有风险的数目	终端事件数	终止比例	生存分析比例	期末累积生存分析比例	期末累积生存分析比例的标准误差	概率密度	概率密度的标准误差	风险率	风险率的标准误差
0	228	0	228.000	1	.00	1.00	1.00	.00	.000	.000	.00	.00
10	227	0	227.000	7	.03	.97	.96	.01	.003	.001	.00	.00
20	220	0	220.000	1	.00	1.00	.96	.01	.000	.000	.00	.00
30	219	0	219.000	2	.01	.99	.95	.01	.001	.001	.00	.00
40	217	0	217.000	0	.00	1.00	.95	.01	.000	.000	.00	.00
50	217	0	217.000	4	.02	.98	.93	.02	.002	.001	.00	.00
60	213	0	213.000	6	.03	.97	.91	.02	.003	.001	.00	.00
70	207	0	207.000	2	.01	.99	.90	.02	.001	.001	.00	.00
80	205	0	205.000	4	.02	.98	.88	.02	.002	.001	.00	.00
90	201	1	200.500	4	.02	.98	.86	.02	.002	.001	.00	.00
100	196	1	195.500	3	.02	.98	.85	.02	.001	.001	.00	.00
110	192	0	192.000	3	.02	.98	.84	.02	.001	.001	.00	.00
120	189	0	189.000	1	.01	.99	.83	.02	.000	.000	.00	.00
130	188	0	188.000	4	.02	.98	.82	.03	.002	.001	.00	.00
140	184	0	184.000	5	.03	.97	.79	.03	.002	.001	.00	.00
150	179	0	179.000	3	.02	.98	.78	.03	.002	.001	.00	.00
160	176	0	176.000	6	.03	.97	.75	.03	.003	.001	.00	.00
170	170	4	168.000	6	.04	.96	.73	.03	.003	.001	.00	.00
180	160	2	159.000	7	.04	.96	.69	.03	.003	.001	.00	.00
190	151	4	149.000	3	.02	.98	.68	.03	.001	.001	.00	.00
200	144	2	143.000	5	.03	.97	.66	.03	.002	.001	.00	.00

图 13.8 寿命表结果(部分)

这个表显示了在不同时间内目标的存活情况,例如我们查看累计生存分析比例列,该列显示出了不同时间存活的目标比例,例如在时间为 200 的时候,存活比例为 66%。另外,终端事件数表示在该时间段的死亡数量。

对累积生存概率进行可视化（即生存分析图），结果如图 13.9 所示。

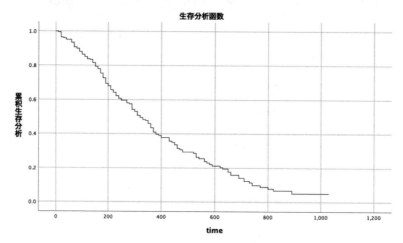

图 13.9　生存分析函数

图 13.9 中清楚地显示出了不同时间点的存活率。可以发现，有 5% 的患者存活到 1000 天。

假设我们想要知道男性和女性之间的生存概率是不是有区别，可以分组计算寿命表和生存分析曲线。

点击"分析"→"生存分析"→"寿命表"，然后将"性别"设置为"因子"，如图 13.10 所示。

然后需要定义因子的范围，具体设置如图 13.11 所示。

图 13.10　设置因子

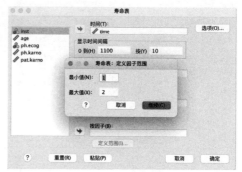

图 13.11　定义因子范围

点击"继续"→"确定"，完成分析。直接查看生存分析图，生成分析图能够更加直观地显示出不同性别人群生存率的变化，如图 13.12 所示。

图 13.12 中 1 表示男性，2 表示女性。可以了解到，女性群体较男性群体有更高的存活概率。

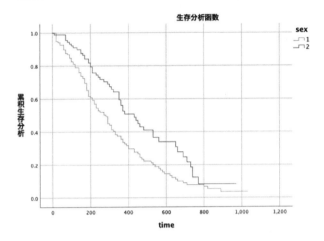

图 13.12　生存分析函数

13.2　Kaplan-Meier 模型

从寿命表和生存分析图中可以获取很多信息，进一步我们还可以构建生存模型，这里介绍 Kaplan-Meier 模型。

Kaplan-Meier 模型是一种在存在删失数据的情况下估计事件发生时间的方法。Kaplan-Meier 模型基于估计事件发生的每个时间点的条件概率，并采用这些概率的乘积极限来估计每个时间点的存活率。

要在 SPSS 中实现 Kaplan-Meier 模型，我们点击"分析"→"生存分析"→"Kaplan-Meier"，在 Kaplan-Meier 窗口中设置"时间"和"状态"，并定义事件，这里设置的方式与前述寿命表过程是类似的。具体设置内容如图 13.13 所示。

接着点击"选项"，选择绘制"生存分析函数"图，如图 13.14 所示。

最后点击"继续"→"确定"，完成模型的构建。查看模型结果，首先查看生存分析表，如图 13.15 所示。

从生存分析表中可以观察到不同时间点的累积生存概率。接下来查看生存时间的平均值和中位数表，如图 13.16 所示。

图 13.13　Kaplan-Meier

图 13.14　选择生存分析函数

生存分析表

	时间	状态	当前累积生存分析比例 估算	标准 错误	累积事件数	其余个案数
1	5.000	2	.996	.004	1	227
2	11.000	2	.	.	2	226
3	11.000	2	.	.	3	225
4	11.000	2	.982	.009	4	224
5	12.000	2	.978	.010	5	223
6	13.000	2	.	.	6	222
7	13.000	2	.969	.011	7	221
8	15.000	2	.965	.012	8	220
9	26.000	2	.961	.013	9	219
10	30.000	2	.956	.014	10	218
11	31.000	2	.952	.014	11	217
12	53.000	2	.	.	12	216
13	53.000	2	.943	.015	13	215
14	54.000	2	.939	.016	14	214
15	59.000	2	.934	.016	15	213
16	60.000	2	.	.	16	212
17	60.000	2	.925	.017	17	211
18	61.000	2	.921	.018	18	210
19	62.000	2	.917	.018	19	209

图 13.15　生存分析表（部分）

生存分析时间的平均值和中位数

平均值[a]				中位数			
		95% 置信区间				95% 置信区间	
估算	标准 错误	下限	上限	估算	标准 错误	下限	上限
376.275	19.708	337.647	414.902	310.000	21.773	267.326	352.674

a. 如果已对生存分析时间进行检测，那么估算将限于最大生存分析时间。

图 13.16　生存分析时间的平均值和中位数

从结果可以看到，平均生存时间为 376，生存时间的中位数是 310，另外还显示了对应的 95％ 置信区间。最后查看生存分析图，如图 13.17 所示。

从图 13.17 中可以观察到，该图所展示的情况与寿命表过程创建的生存分析效果是类似的。事实上，在 SPSS 中寿命表过程和 Kaplan-Meier 过程是相似的，

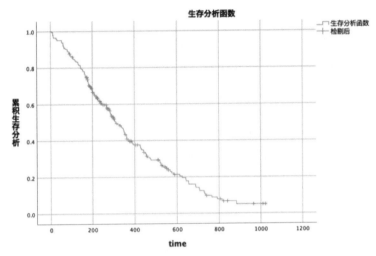

图 13.17　生存分析函数

例如，我们同样可以构建某一个分类变量设置为因子（例如性别），从而实现将数据分组，进一步根据分组构建模型。

Cox 生存模型

Kaplan-Meier 模型只能分析单个因素对生存时间的影响，如果有多个影响因素，就需要使用 Cox 回归模型。

使用 Cox 模型来解决生存分析问题的时候，有两个强假设需要满足，第一个是对数线性假定：模型中的协变量应与对数风险比呈线性关系；第二个是比例风险假定：各危险因素的作用不随时间的变化而变化。

接下来，我们尝试构建 Cox 生存分析模型，点击"分析"→"生存分析"→"Cox 回归"。在 Cox 回归窗口中设置"时间"和"状态"（注意要定义事件）后，将其他变量设置为"协变量"，如图 13.18 所示。

接着点击"保存"，将 Cox 模型保存到你的文件夹中，如图 13.19 所示。

点击"继续"→"确定"完成模型构建。

接下来我们尝试使用构建好的生存模型进行预测，点击"实用程序"→"评分向导"。打开新窗口之后，选择刚才保存好的模型，如图 13.20 所示。

接着点击"完成"（设置保持默认），完成预测。预测值和累积风险被添加到了数据集当中，如图 13.21 所示。

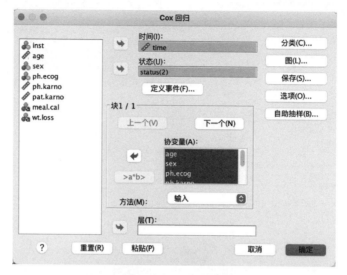

图 13.18 Cox 回归

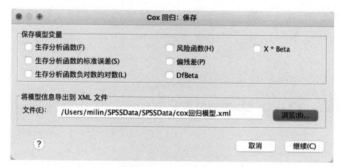

图 13.19 设置保存

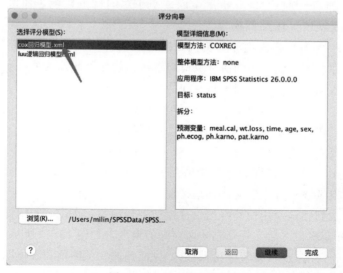

图 13.20 Cox 回归预测

另外，要判断比例风险假设，可以在 Cox 回归窗口中点击"图"按钮，然后勾选"负对数的对数"，如图 13.22 所示。

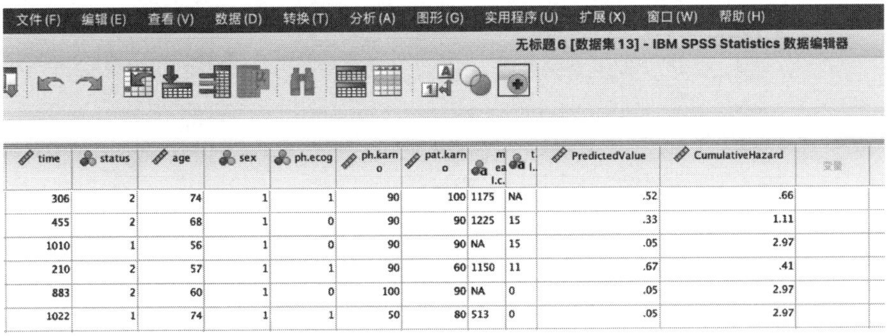

图 13.21 Cox 回归预测结果

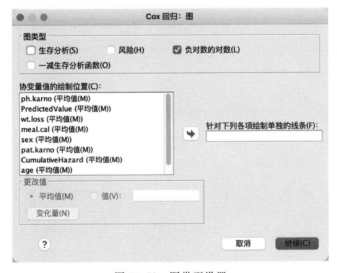

图 13.22 图类型设置

如果负对数的对数生存曲线大致平行，那么 Cox 回归的比例风险假定成立；若曲线不是平行的而有交叉现象，则比例风险假定不成立。

如果有分类变量不满足比例风险假定，可以使用分层 Cox 回归模型。分层 Cox 回归假定层变量之间存在不同的基线风险。实现方式也非常简单，将分配变量设置为"层"即可，如图 13.23 所示。

此外，含依时协变量的 Cox 回归过程这里没有介绍。Cox 模型的基本假设为，危险因素的作用不随时间的变化而变化。然而有时因素会随着时间而产生变化，此时就需要使用含依时协变量的 Cox 回归。有关这一部分内容读者可以自行进一步学习。

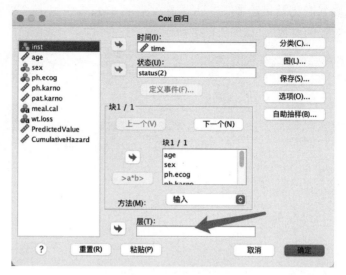

图 13.23 分层 Cox 回归